中国互联网服务业竞争力研究

刘璐　著

WUHAN UNIVERSITY PRESS
武汉大学出版社

图书在版编目(CIP)数据

中国互联网服务业竞争力研究/刘璐著.—武汉：武汉大学出版社，2018.4

ISBN 978-7-307-20087-6

Ⅰ.中…　Ⅱ.刘…　Ⅲ.互联网—商业服务—服务业—竞争力—研究—中国　Ⅳ.F726.9

中国版本图书馆 CIP 数据核字(2018)第 057771 号

责任编辑:陈　红　　责任校对:李孟潇　　整体设计:马　佳

出版发行：**武汉大学出版社**　(430072　武昌　珞珈山)

(电子邮箱：cbs22@ whu.edu.cn　网址：www.wdp. com.cn)

印刷:北京虎彩文化传播有限公司

开本:720×1000　1/16　印张:13.5　字数:192 千字　插页:1

版次:2018 年 4 月第 1 版　2018 年 4 月第 1 次印刷

ISBN 978-7-307-20087-6　定价:30.00 元

前　言

互联网的普及为服务业注入了新的生机。它不仅推动了服务业高速发展，还引发了服务业产业结构、产业资源配置、产业布局等多方面变革。当前，互联网服务业已然成为国民经济发展的新引擎。《中国互联网服务业竞争力研究》主要选取了电子商务业及互联网金融业作为研究对象，运用系统科学的竞争力评析方法，例如指数分析、钻石模型、实证分析等方法，探究并解析了影响互联网服务业竞争力的主要因素，为相关政策制定者、依托互联网发展的企业决策者、互联网的使用及消费者提供解析问题的思路和依据。

中国互联网服务业正处在高速发展阶段，拥有巨大的发展潜力。但是，在互联网服务业高速发展的同时，也存在着诸多问题：互联网服务业相关法律法规不完善、网络安全及风险管理体系有待优化、互联网服务业受众人群在城镇集中化、互联网服务业专业人才紧缺等。如何提升中国互联网服务业的竞争力是当前急需解决的问题，本书依据相关研究成果给出了部分解决建议，具有较强的现实意义。

本书主要分为互联网服务业概述、竞争力研究、电子商务、互联网金融、其他互联网服务业、总结六大章节。具体安排如下：

第一章，互联网服务业概述。本章主要包括两个部分：一是互联网在全球范围内的兴起以及我国互联网的发展现状；二是对服务业的定义、分类以及发展服务业的重要意义做了简要的介绍。

第二章，竞争力研究。本章涵盖两节内容。第一节主要对竞争力的定义以及相关的理论基础、文献综述做了梳理。在第二节中则是对竞争力的权威评价方法进行了概述，其中包括钻石模型、指数分析法、因子分析法等。

第三章，电子商务。本章涵盖四节内容。第一节介绍了全球及中国电子商务发展现状，并采用指数分析法评估了中国电子商务竞争力。第二节以及第三节内容则是通过协整检验、格兰杰因果检验等方法对影响中国电子商务竞争力的因素进行了实证研究。在第四节中首先提出了我国电子商务行业发展的瓶颈，例如我国电子商务的不均衡发展问题、网络安全问题、对电子商务理解存在理念上的局限性等。之后根据实证研究结果，从宏观政策制定和微观电商企业发展两个层面提出了提升中国电子商务行业竞争力的对策与建议。

第四章，互联网金融。本章涵盖了五节内容。第一节互联网金融导论主要是介绍互联网金融业定义、分类，阐述当前互联网金融的发展现状以及未来发展趋势。随后在第二节至第五节中则是以P2P网络借贷平台为研究对象，探寻提升我国金融服务业风险管理竞争力的渠道。第二节首先分析了P2P网络借贷平台风险控制问题的研究背景及意义；其次对P2P网络借贷平台的相关概念进行解释；最后综述了国内外学者对P2P网络借贷交易平台风险控制问题的研究现状。第三节阐述了目前我国P2P网络借贷平台发展现状。主要包括以下三方面内容：我国P2P网络借贷交易平台的总体发展情况；根据有代表性的网络借贷交易平台分析了我国P2P借贷平台的运营模式；梳理国外P2P借贷平台的运行模式，并与中国P2P借贷网站平台进行比较。第四节分析P2P网络借贷风险类型并进行实证分析。第一，从平台共有风险和特有风险两个角度，分析了我国P2P网络借贷平台风险类型；第二，以“拍拍贷”为例，选取“拍拍贷”上6093个借款项目中的违约信息、借款金额、借款年利率、借款期限、借款者性别、借款者年龄、历史借款成功次数、失败次数八个核心数据，以借款人是否违约为因变量，其他数据的数值为自变量，建立二元选择模型，衡量核心数据对借款风险的影响作用。第五节根据当前存在的问题，归纳、比较国内外P2P网络借贷交易平台的风险控制措施，提出了对国内P2P网络借贷风险控制改进的对策。一是从P2P网络借贷平台内部出发，提出了网络借贷交易平台内部风险制度设计改进建议和平台内部风险控制改进建议，以构建借贷平台风险防范体系；二是从网络借贷交易平台外部出发，从 P2P 网络借贷行业监管体系、P2P 网络借贷行业自律体系和 P2P 网络借贷行业配套服务体系三个方面，提出了相关改进对策。

第五章，其他互联网服务业。本章涵盖了四节内容。这几节分别分析了互联网医疗行业、互联网教育行业以及互联网文化娱乐行业的行业发展起源、发展现状以及未来发展趋势。在第四节互联网文化娱乐行业国际竞争力分析中，基于迈克尔·波特教授的“钻石模型”探究了对我国互联网娱乐行业国际竞争力造成影响的因素，最后依照实证研究结果提出了提升我国互联网娱乐行业国际竞争力的对策与建议。

第六章，总结。这一章对《中国互联网服务业竞争力研究》全书进行了总结，并根据本书研究过程中的一些不足与局限性，提出了对未来研究的展望。

目　录

第一章　互联网服务业概述

一、互联网的兴起

科学技术发展日新月异，近几十年来，互联网在全球范围内迅速普及。随着社会经济发展，国民生活水平的提高，互联网早已渗透到我们生活中的各行各业。2016 年全球信息社会指数（Information Society Index，ISI）为 0.5601，同比上涨 2.1%。其中，2016 年美洲、欧洲、大洋洲、亚洲和非洲地区信息社会指数均值分别为 0.5197、0.7017、0.8271、0.5237 和 0.3554，同比分别增长 1.86%、1.5%、1.63%、2.95%和 3.10%。由此可见，美洲、大洋洲地区社会信息化程度仍然领先于其他大洲，但是亚洲、非洲地区的社会信息化增长速度远高于美洲、大洋洲地区。据统计，2016 年全球 126 个样本国家中有 53 个国家进入信息社会，有 73 个国家尚未进入信息社会。而在互联网兴起的同时，全球数字生活也迅速普及。2016 年全球数字生活指数为 0.6110，同比增长 3.51%①。全球信息社会程度稳步发展，多数国家互联网渗透率保持平稳增长态势。互联网的兴起以及社会信息化的进步推动了依托于互联网运营的技术、产品、应用、服务等的发展。

我国在信息化方面虽然与美国、英国、日本等发达国家还有差距，仍处在从工业社会向信息社会过渡的转型期，但信息化发展速度势不可挡，有着巨大的发展潜力。从 2007 年开始，我国网民规模急速增加，到 2016 年 12 月为止网民规模已经达到 7.31 亿人，互联网普及率已经超过 50%，为 52.97%，超过全球平均水平 3.1

① 《全球信息社会发展报告 2016》2016 年 8 月由国家信息中心发布。

个百分点，超过亚洲平均水平 7.6 个百分点。① 目前，我国网民规模增长速度逐渐趋于稳定，但仍有很大的提升空间。我国网民主要集中在中心城市及城镇地区，而偏远地区以及农村地区，由于经济、文化、基础设施建设等原因导致互联网普及率偏低。据 2017 年 6 月中国互联网络发展状况统计调查数据显示，我国农村地区互联网普及率仅为 34%。

从我国互联网络基础资源角度来看，截至 2016 年 12 月，我国 IPv4 地址数量为 3.38 亿个，拥有 IPv6 地址 21188 块/32。IPv4 地址数量自 2011 年起至 2016 年基本持平，达到饱和状态。全球 IPv4 地址数量于 2011 年 2 月基本分配完毕，相应的，IPv6 地址数量呈逐年稳步上升形态。互联网基础设施建设以及技术发展是互联网产业发展的坚实后盾。图 1-1 为 2007—2016 年中国 IPv4 与 IPv6 地址数量增长情况图，它在一定程度上代表了现在中国互联网基础资源的情况。

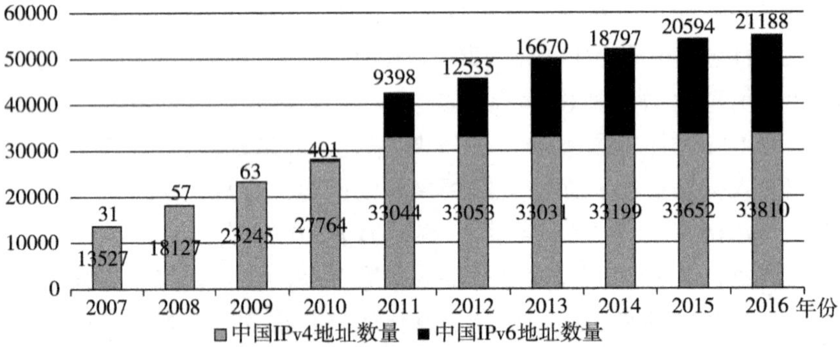

图 1-1　2007—2016 年中国 IPv4 与 IPv6 地址数量增长情况

资料来源：中国互联网络信息中心。

互联网的兴起颠覆了传统商业模式，为各行各业打开了新的发

① 《中国互联网络发展状况统计报告》2017 年 1 月由中央网络安全和信息化领导小组办公室、国家互联网信息办公室联合发布。

展渠道。以 B2C 电子商务发展来说，淘宝、京东、1 号店、当当网、亚马逊等网络购物平台的崛起打破了传统的线下实体店购物模式，很多企业由线下实体店模式走上了网络营销渠道。与传统线下销售模式相比，网络零售渠道整合资源高效、信息传播速度快，并且能够大大降低经营者的营销成本，因此能够在短时间内迅猛发展。数据显示，2017 年“双十一”当天支付宝交易总额高达 1682 亿元。图 1-2 为 2009—2017 年“双十一”当天支付宝交易总额统计图，我们可以看到其交易额在近年来高速增长，从 2012 年的 191 亿元到 2017 年的 1682 亿元翻了近 8. 8 倍。互联网普及不仅推动了服务业高速发展，还引发了服务业产业结构、产业资源配置、产业布局等多方面变革。

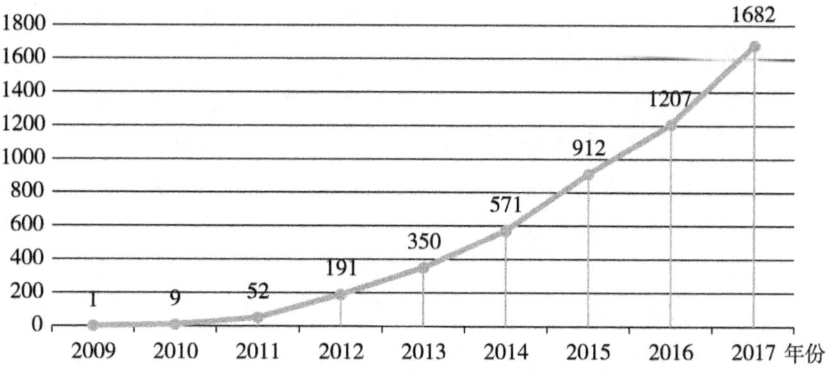

图 1-2　2009—2017 年“双十一”当天支付宝交易总额

资料来源：Wind 资讯。

二、服务业定义及分类

（一）服务业定义

一般情况下，第三产业即为服务业。此概念是英国著名经济学家费希尔 1935 年在《安全与进步的冲突》一书中提出的。学术界把各种产业划分为三大类，即第一产业、第二产业和第三产业。根据《国民经济行业分类》（GB/T4754 — 2002），制定本规定，三次产业划分范围如下：

第一产业是指农业、林业、牧业、渔业。

第二产业是指采矿业，制造业，电力、燃气及水的生产和供应业，建筑业。

第三产业是指除第一、二产业以外的其他行业。

根据国务院办公厅转发的国家统计局关于建立第三产业统计报告上对我国三次产业划分的意见，我国第三产业包括流通和服务两大部门，具体分为四个层次：

一是流通部门：交通运输业、邮电通信业、商业饮食业、物资供销和仓储业；

二是为生产和生活服务的部门：金融业、保险业、地质普查业、房地产管理业、公用事业、居民服务业、旅游业、信息咨询服务业和各类技术服务业；

三是为提高科学文化水平和居民素质服务的部门：教育、文化、广播、电视、科学研究、卫生、体育和社会福利事业；

四是国家机关、政党机关、社会团体、警察、军队等，但在国内不计入第三产业产值和国民生产总值。

（二）服务业分类

服务业按照服务对象可分为生产性服务业、生活性服务业与公益性服务业。

生产性服务业包括交通运输、金融、科研等，它是指为保持工业生产过程的连续性、促进工业技术进步、产业升级和提高生产效率提供保障服务的服务行业。

生活性服务业包括房地产、文体娱乐、居民服务等，它属于劳动密集型产业，与居民生活息息相关。公益性服务业主要包括卫生、教育、水利和公共管理等。

服务业按照发展历程可划分为传统服务业与现代服务业。

传统服务业是指为人们日常生活提供各种服务的行业，由来已久，如餐饮业、修理业、住宿业等能增进和改善居民生活的服务。

它是以满足“人”的个体需要为主要目标而提供的服务。

现代服务业的提法最早出现在1997年9月党的十五大报告中，2000年中央经济工作会议提出：“既要改造和提高传统服务业，又要发展旅游、信息、会计、咨询、法律服务等新兴服务业。”根据2012年2月22日国家科技部发布的第70号文件，现代服务业是指以现代科学技术特别是信息网络技术为主要支撑，建立在新的商业模式、服务方式和管理方法基础上的服务产业。它既包括随着技术发展而产生的新兴服务业态，也包括运用现代技术对传统服务业的改造和提升。现代服务业既包括新兴服务业，也包括对传统服务业的技术改造和升级，其本质是实现服务业的现代化。

本书主要研究对象互联网服务业即属于现代服务业一类范畴，主要包括电子商务产业、互联网金融产业、互联网医疗产业、互联网教育产业、互联网文化娱乐产业以及其他互联网共享经济产业。

（三）加快第三产业发展的意义

2013年5月29日，第二届京交会暨全球服务论坛北京峰会在人民大会堂举行，中共中央政治局常委、国务院总理李克强发表了“把服务业打造成经济社会可持续发展的新引擎”的主旨演讲。由此可见，国家政府已经将经济发展重点转向第三产业，第三产业的发展成为了经济发展的重头戏。

首先，加快第三产业发展有助于维持国民经济持续发展。图1-3为2006—2016年我国三大产业的增加值。第三产业较第一产业、第二产业而言以绝对的优势逐年急速增长。数据显示，截至2016年底，GDP第三产业产值高达384220.5亿元。表1-1为三大产业GDP累计同比贡献率。2015年中国第三产业对GDP累计贡献率首次超过50%，2017年第三产业对GDP累计贡献率高达58.8%。可以预见的是，在今后的数年内，第三产业发展势头依然强劲。一般来说，服务业的加速发展一般发生在一个国家整体经济由中低收入水平向中上等收入水平转型的时期。而我国正处于该发展阶段，大力发展服务业是实施国民经济可持续发展的重要战略需要。

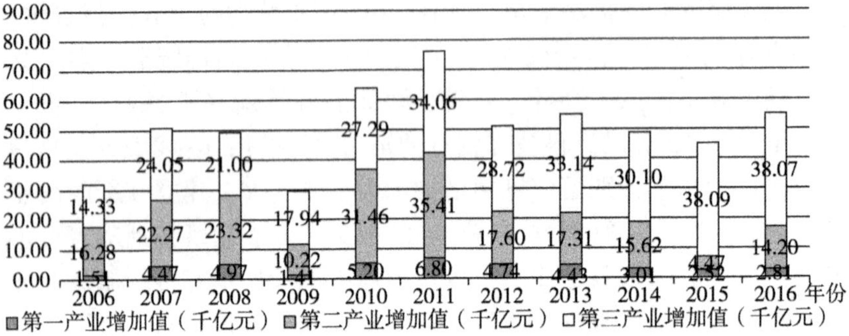

图 1-3　2006—2016 年我国三大产业增加值

资料来源：Wind 资讯。

表 1-1　**三大产业 GDP 累计同比贡献率**

年份	第一产业贡献率（%）	第二产业贡献率（%）	第三产业贡献率（%）
2008	5.20	48.60	46.20
2009	4.00	52.30	43.70
2010	3.60	57.40	39.00
2011	4.20	52.00	43.80
2012	5.20	49.90	44.90
2013	4.30	48.50	47.20
2014	4.70	47.80	47.50
2015	4.60	42.40	52.90
2016	4.40	37.20	58.40
2017	4.00	37.20	58.80

资料来源：Wind 资讯。

其次，发展服务业可以缓解就业压力。一方面，服务业兴起创造了大量的就业岗位，缓解了我国就业难的现状；另一方面，大力发展教育、文化等服务业，有助于从根本上改变劳动力素质结构，提升就业人员质量，解决供需不对口的问题。

最后，发展服务业是促进社会经济、人文发展，提升国民经济发展后劲的重要举措。金融、物流、教育、公共事业等服务业的发展为第一产业、第二产业提供了坚实的后备力量，有利于实现产业结构优化。现代服务业的发展更是世界经济发展主流着力点。

第二章　竞争力研究

第一节　竞争力理论基础

一、竞争力定义

在当今这个社会，各行各业之间的竞争日益激烈，有的行业能够兴旺数十年，有的行业刚刚崛起就迅速衰落下去，有的企业能够屹立百年，有的企业在受到震荡后就立刻宣告破产。在第二次世界大战后，美国在全球经济、工业等领域一直占据领导地位。但是随着其他各国的迅速成长，美国的“竞争力优势”逐渐衰弱，全球各大地区、各个国家之间的相互竞争也进入了新的局面。在这种背景下，“竞争力”已经成为研究学者最感兴趣的研究课题。

竞争力是一个宽泛的相对概念，它是在竞争的过程中体现出来的。最早提出竞争力概念的是1980年洛桑国际管理发展学院（International Institution for Management Development，IMD）和总部设在日内瓦的世界经济论坛（World Economic Forum，WEF），它们认为竞争力主要体现为竞争某种相同资源的能力。《贸易政策术语辞典》中对“竞争力”一词的解释为：“某一企业或部门，甚至整个国家，在经济效益上不被其他企业、部门或国家所击败的能力。”OECD提出了关于竞争力的一般定义：指“面对国际竞争，支持企业、产业、地区、国家或超国家区域在可持续性发展的基础上进行相对较高的要素收入生产和较高要素利用水平的能力”或“一个国家在自由和公正的市场条件下，能够生产出满足国际市场需求的商品和服务，同时又能保持和扩大本国公民在长期内的实际收入水平的能力”。

关于国际竞争力的概念是世界经济论坛（WEF）在 1985 年《关于竞争力的报告》中提出的，“国际竞争力是企业在当前和未来，在各自的环境中，有比其他国内外竞争者用更有吸引力的价格、质量来进行设计、生产并销售货物以及提供服务的能力和机会”。1994 年在《国际竞争力报告》中又将国际竞争力解释为“一国或者一个公司在世界市场上均衡地创造出比其他竞争对手更多财富的能力”。美国的《关于工业竞争的总统委员会报告》认为，“国际竞争力是在自由两号的市场条件下，能够在国际市场上提供好的产品、好的服务，同时又能提高本国人民生活水平的能力”（狄昂照，1992）。经济合作与发展组织（OECD）认为国际竞争力是在自由和公平的市场条件下，一个国家生产并在国际市场上提供商品和服务的能力（吴超、魏清泉、刘春，2005）。而在美国商务部承办的“竞争评估项目”（CAP）中定义国际竞争力为产品的买主或服务的主顾在选择来自某一国家产品或服务时所作的集体决策。综合以上各类定义，我们可以发现，不同的机构或者学者从不同的角度对国际竞争力的定义均有差异，大体上国际竞争力的概念可以分为商品、企业、行业、国家（区域）这四个层次（狄昂照，1992）。

二、竞争力研究相关文献

国内外学者对于竞争力的研究数不胜数，有从宏观方面研究国际竞争力的，也有从中观层面研究行业竞争力、区域竞争力的，还有从微观层面研究企业竞争力的。再细分一些，有研究品牌竞争力、产品竞争力、质量竞争力等。

（一）关于国际竞争力的研究

国际竞争力的研究可以追溯到 20 世纪 70 年代，始于欧美、日本等国家和地区。而国际竞争力理论则可以追溯到最早的古典学派。亚当·斯密（1776）提出的绝对优势理论，又称为绝对成本理论。他认为一国出口到其他国家的产品具有绝对优势，通过国家与国家之间的贸易交换换取本国必需但生产成本较高的商品。这种分工可以提高整体劳动生产力，增加国民财富。这种绝对优势就是竞争力的一种体现，或者可以更详细地说成是生产成本优势。大卫·李嘉图（1817）在其代表作《政治经济学及赋税原理》中提出了比较优势理论，他认为国际贸易的基础是生产技术的相对差别，而非绝对优势。这一理论的提出大大发展了绝对优势理论。当一国在两种商品的生产上与另一国相比均处于劣势，双方仍然存在贸易互惠的基础。一国虽然可以以更低的成本生产该种商品，但它依然可以选择进口而把资源利用在生产更高优势的产品上。之后赫克歇尔·俄林提出了著名的要素禀赋理论（H-O 理论），该理论的关注点并非放在生产率的绝对与相对优势上，而是试图找到生产率差异的根源，即各国初级生产要素的差异。他认为，比较优势的差异源于国家间获得要素资源条件差别及不同产品生产要素投入方面的差别，国际竞争力来源于要素禀赋的优势。国际贸易的发生是国际竞争力概念存在的基础，这三大经典国际贸易理论均是对国际竞争力来源的探究。

随着之后的发展，研究学者从更多不同的角度探究国际竞争力的主要影响因素，不过国际上并没有统一的计量标准去衡量一国的"国际竞争力"指数。舒尔茨（1961）重点关注了人力资本在国际竞争优势种所起到的作用，波斯纳（1961）认为科学技术是国际竞争力的主要来源。S. Winter（1984）则认为创新是竞争优势的主要来源，即一国技术创新能力强，则其国际竞争优势大。Lundberg 和 Lars（1988）引入了相对国际竞争力指数的概念来评价国际竞争力，相对国际竞争力表现为目标产业和产品的国内生产与消费的差额和该国整体生产消费差额之比。对于国家竞争优势的研究不得不提的是迈克尔·波特教授在 1990 年出版的《国家竞争优势》一书中提出的钻石模型。他认为无论是绝对优势理论、比较优势理论还是要素禀赋理论都存在着一定的局限性。而他提出的国家钻石模型用一个类似于钻石架构的结构图选取了四个评价国际竞争力的关键要素（生产要素、需求状况、相关产业和支持产业的协调、企业战略）和两个辅助要素（政府和机遇）。学者对钻石模型理论体系给予了高度肯定，它不仅将以往静态衡量国家竞争力的范式转换到了动态评估，更创造出了一个相对完整的国家竞争力的评价体系，打破了以往局部、分散的局限性。关于钻石模型更多的扩展，将在之后的章节详细讲解。

相较于国外学者对于国际竞争力的研究，我国学者的研究要滞后很多。国内学者邹薇（2002）认为一国的国际竞争力是它在国际市场上战胜对手的能力，更是其谋求持续发展的实力，并且在此基础上提出了国际竞争力的测度方法体系，该体系选取净出口指数、贸易条件指数、生产要素密集度指数、显示性比较优势指数和总股东收益指数等指标作为评价指标。任宇、杨小金（2015）则以各类指数为基础，采用灰色关联分析法建立了评价现代服务业国际竞争力的模型并对其内部行业的竞争力分布进行了比较静态分析，其中指数包括：贸易竞争力指数、显示性比较优势指数、Michaely 竞争优势指数。喻润、温艳萍（2017）采用动态因子分析法对 2010 年至 2014 年间亚洲八个主要港口的国际竞争力水平进行了评估。该评估模型选取了港口基础设施、港口运营能力、港口腹地条件和港口发展潜力四个方面共 16 个定量指标作为评估体系。裴长洪、王镭（2002）认为钻石模型评价国际竞争力具有一定的局限性，而这种局限性是由于跨国投资和生产国际化带来的产品多国性和产品“国籍”的模糊性。他选择采用价值链分析方法解决该问题。在跨国生产经营中，价值链各个环节形成产业内国际分工，这种分析方式打破了以单个产品为主体的竞争力评价体系，反而转向评估某国某一产业中某种生产经营活动竞争力问题。他认为分析产品和产业竞争力时可设立两类指标，其一是显性指标，这类指标用以说明国际竞争力的结果；其二是分析性指标，这类指标用以解释为什么具有国际竞争力的缘由。

（二）关于产业竞争力的研究

国内外学者关于产业竞争力的研究主要有以下两个流派：一是多因素指标综合分析法。该方法理论基础源于波特教授在 1980 年出版的《竞争战略》一书。相关文献如周星、付英（2000）制定了产业竞争力的六条评价准则，并建立了一套产业竞争力的评价指标体系，从产业的素质、产业的结构现状及发展趋势、产业发展的环境制度因素及产业国际化程度和能力四个方面来分析评价一国产业的总体竞争力。Larry Dwyer、Chulwon Kim（2003）通过构建旅游地竞争力分析模型用以比较国家间的旅游业竞争力，并得出影响旅游业竞争力的关键因素。二是出口数据指标评价法。例如，王国安、赵新泉（2013）选取贸易竞争力指数、国际市场占有率指数、显示性比较优势指数、纯出口比较优势指数四个指标，来测度中美两国影视产业的竞争力状况。自 Balassa（1965）提出显示性比较优势指数以来，显示性比较优势指数被多次应用于比较一国产业在国际市场上的竞争力。在研究我国贸易竞争力方面我国学者利用该指数将我国与不同发展程度的经济体做了大量的横向比较。例如，金碚（2001）在我国即将入世的背景下，对钢铁、纺织品、软件、旅游等行业的竞争力进行分析。

一般情况下，多数学者会综合两种流派方法来进行各产业竞争力分析。例如，陈虹、马永健（2011）对我国保险业竞争力进行了实证分析。文中首先利用各国保险业进出口数据计算出其 RAC 指数、TC 指数、市场占有率指数、B 指数等并进行对比分析，依此来初步评定各国保险业竞争力。之后依据波特的钻石模型建立实证分析模型，找出影响我国保险业竞争力的主要因素。

而关于产业竞争力的研究近年来兴起了一个流派，以全球价值链视角来评估国际竞争力。20 世纪 90 年代以来，信息科技的迅猛发展提高了全球化资源配置的效率，由于各国的生产成本比较优势存在巨大差异，形成了以跨国公司为主导的国际分工体系，并产生了垂直专业分工的新型贸易模式。全球价值链（Global Value Chain，GVC）理论的提出，揭示了各个国家和地区在产品生产销售过程中的分工角色以及附加值的形成能力。位于价值链上游的设计研发环节和下游的营销和生产性服务环节不仅具有较高的附加值，还具有资本密集和技术密集的特征，发达经济体掌握了生产的核心技术和先进的管理理念，因此具有相应的比较优势；位于中间的制造环节，尤其是加工组装环节的附加值较低，禀赋特征为资源密集型和劳动密集型，作为全球价值链最主要的参与主体，跨国公司往往将这一部分业务外包给生产成本较低的发展中经济体。

改革开放以来，我国实行出口退税和补贴、外商投资优惠等多种政策，积极发展对外贸易。加入 WTO 以后，由于我国资源与劳动力成本较为低廉，跨国公司将资源密集和劳动密集的生产环节转移至我国，FDI 引入的市场竞争机制，对本土企业具有一定的“溢出效应”，这些因素导致我国原有的产业结构发生巨大变化；同时，在以国有企业为主导的资源配置体系下，我国经济市场化程度相对较低，产业发展具有一定的政策指向性。在市场开放条件下，中国对外出口实现了高速增长。1990—2011 年，年平均增长率为 17.9%。2011 年，中国进口总额达到全球的 8.1%，规模仅次于美国，出口总额占全球的 10.4%，成为第一大出口经济体。然而，在全球价值链的治理下，我国产业结构发展不平衡，二十年间加工贸易持续占据出口总额的 50%左右，呈现两头在外的特征，加之转口贸易对贸易总量的影响，出口总额并不能反映国内生产形成的附加值以及我国的对外贸易水平。一国在全球价值链中的分工地位可用垂直专业化水平来衡量。Hummels 等（1999）将一国进口中间品分为用于国内消费和用于出口品生产两个部分，并将进口中间品用于出口的价值对出口总额的比率来衡量一国的垂直专业化（Vertical Specialization Share，VSS）水平。研究表明，2000—2008 年，我国出口贸易的 VSS 均值为 47.93%（唐东波，2013），而美国和日本 1990 年 VSS 值仅为 11%（Hummels，1999）。这反映了我国出口品的国外附加值整体较高，位于垂直型专业分工的底端，国际竞争力相对较低。

在这种贸易模式下，我国生产要素倾向于向低附加值产业转移，不利于具有高附加值的服务业和制造业核心环节的发展。而且我国产业过度依赖国际市场，在全球产业链中缺乏话语权。国内厂商往往为了满足价值链下游的订单需求而不断更新设备，并只能从上游厂商处进口，由此面临被双向“锁定”的风险，再者，此种分工主要依赖于廉价的土地和劳动力、环境资源和税收优惠，但随着土地和劳动力成本的提高，我国与其他一些发展中国家相比已不具有成本优势。Schmitz（2004）的研究表明，发展中国家加入全球价值链有四种方式：市场型、均衡型、俘获型和层级型。发展中国家加入 GVC 后，大多被国际大买家所俘获。Morris（2006）将嵌入全球价值链的方式分为低端路径和高端路径。低端路径是一种贫穷式增长路径，随着越来越多的发展中国家加入全球价值生产网络，竞争越发激烈，出口或产出水平增加的同时经济活动的收益在降低；高端路径是随着加入全球价值链的程度增加，能够实现收入增长的路径。刘志彪（2007）认为加入全球价值链是中国贸易量迅速上升的主要原因，但它不代表可以顺利地实现产业升级。杨辉芳（2015）使用全球价值链竞争力指标探究我国服务业总体竞争力，她认为该方法可以避免传统海关统计造成的贸易扭曲，并且将显性比较优势指数与全球价值链收入相联系，构建了 RCA in GVC 指数。刘林青、周潞（2011）同样基于全球价值链理论的产业国际竞争力二维评价模型重新审视了我国农产品产业国际竞争力问题。朱瑞庭、尹卫华（2014）在全球价值链视角下，结合钻石模型评估了我国零售产业的国际竞争力。

（三）关于企业竞争力的研究

对于企业竞争力的研究，可以追溯到 1778 年亚当·斯密在《国富论》中提出的劳动分工理论。根据这一理论，企业内部分工是先知规模经济效益的主要因素，也是企业竞争力形成的关键。马歇尔（1920）在劳动分工理论的基础上创立了企业内在成长论；20 世纪 50—60 年代，Edith Penrose 和 G. B. Richardson 又分别从企业内部知识积累和组织间协调两个方面对上述理论进行了完善。由此，在经济学领域形成了对企业理论的研究的三个流派：企业资源基础论、企业动力能力与企业知识基础论，这三个流派彼此互为补充。现有的企业核心竞争力理论正是在这些理论的基础上发展而来的。最早提出企业竞争力这一概念的是美国学者史蒂芬·海默（1960），其论文《民族企业的国际经营：一项对外直接投资的研究》中提及了企业竞争力的概念。

在产业竞争力理论研究方面颇有建树的波特，对企业竞争力也进行了研究，波特（1989）在五力模型的基础上，提出了成本领先、标新立异、目标集聚等企业获得竞争优势的三大战略，强调企业应根据对外部环境的分析来确定自己的发展战略，企业的恰当定位是获得竞争优势的基础。此后，明茨伯格（1987）提出了“精雕”战略，进一步强调企业战略应随环境变化而不断调整。到了20世纪80年代末期，第四代战略管理理论逐渐形成。在这一战略管理理论中，学者们加强了对企业内部因素的研究，对企业持续竞争优势的关注也逐渐增加，逐步形成了企业能力理论和核心竞争力理论。

C. Prahalad 和 G. Hamel（1990）在哈佛商业评论上提出了企业核心竞争力的概念，认为企业核心竞争力是企业独具的、长期形成的、支撑企业可持续性竞争优势的核心能力。Barney（1991）认为企业竞争力由其资源禀赋的差异决定，并系统考察了企业资源禀赋的影响。Feurer 和 Chaharbaghi（1994）认为股东和客户价值共同决定企业国际竞争力，并建立了企业竞争力三维模型及相应的定性评价矩阵。哈佛大学教授史宾斯（1998）认为，贸易流向、产业政策、国内管理政策、技术开发管理、垄断竞争等因素对企业竞争力有重要影响，企业国际竞争力主要体现为其在国际市场上可贸易的能力。Feurer 和 Chaharbaghi（1999）等认为企业国际竞争力是一个相对的概念，表现为企业的产品与服务、企业的能力、企业发展潜力，它是由股东和客户价值共同决定的，并建立了由客户价值、股东、企业的人力资源、技术潜力及财务实力构成的企业竞争力三维模型及相应的评定矩阵。M. Oral（2001）从动态演化的角度对企业竞争力做了定义，他认为企业竞争力是企业通过内部的决策程序或心智模式所形成的计划演化而来的，还强调环境对企业竞争力的影响意义，同时将企业的内部条件和外部环境结合起来分析企业竞争力的变化过程，他指出企业竞争力是其所处产业的优势、投入成本优势及战略优势的函数。Lall（1999）认为提升发达国家的企业国际竞争力的最有效方式是技术创新。L. Nachum（1999）认为对于服务业企业来说影响其国际竞争力的主要因素为选址与公司股权结构。

国内对于企业竞争力的研究虽然起步较晚，但也取得了一些比较成熟的理论。吴建中、张志强（1999）认为，企业竞争力由三个部分组成：现实的市场竞争力、潜在的市场竞争能力，以及将潜在的竞争能力转化为现实竞争优势的能力。金培（2003）给出了企业竞争力的基本含义：涉及的产业，是指企业的生产率优势，二者体现为密不可分的两个方面，即消费者价值和自身利益；企业竞争力决定了其长期存在状态，是企业所具有的综合素质。何育静、刘树青（2015）通过对我国造船业进行三维定位分析，得出影响造船企业竞争力的八大因素，在此基础上建立了造船企业竞争力评价指标体系，并运用层次分析法对各个指标赋予权重。曾晓宏（2015）建立了包含企业规模、盈利性和成长性、企业家能力、技术创新能力和市场控制能力在内的科技型中小企业竞争力评价指标体系，并提出了一种改进的ELECTRE-III方法。刘圻、雷雪勤、杨惠元、陈俊霖（2015）则基于五力模型框架设计了调查问卷，用以分析企业竞争力与现金流战略管理关系。通过对调查问卷的数据进行分析，他们发现，企业战略现金流管理思维与企业竞争能力之间存在显著的依存关系，但是企业对外部宏观环境的关注度显著低于对内部投融资战略决策的关注度，对行业中隐性战略因素的关注度显著低于对显性要素的关注度。

第二节 竞争力理论与竞争力权威评价方法概述

一、钻石模型

（一）波特钻石理论模型

波特钻石理论模型（以下简称“钻石模型”）是1990年，哈佛大学教授迈克尔·波特（Michael E. Porter）在《国家竞争优势》一书中提出的。不同于传统的比较优势理论，他提出了更加系统全面的国家竞争优势理论。波特用一个类似于钻石构架的结构图表示出四个决定竞争力的关键要素，因此该模型被称为钻石模型。这四个要素分别是：生产要素（包括人力资源、天然资源、知识资源、资本资源和基础设施），需求条件，相关产业与辅助产业状况，企业战略、结构与竞争对手。同时他还提出了两个辅助变量要素，分别是政府与机遇。图 2-1 能更加直观地反映出钻石模型的要素构架。

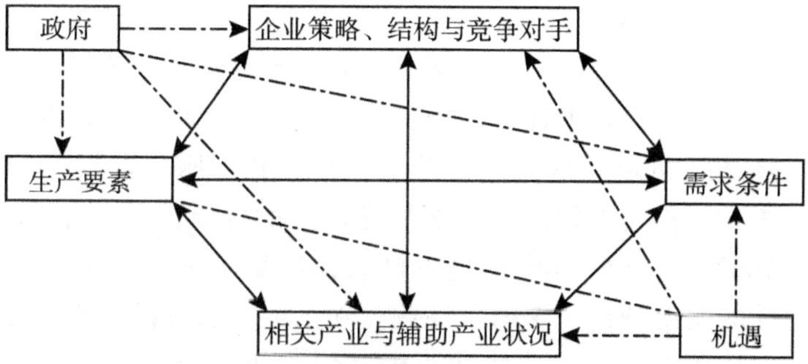

图 2-1　钻石模型结构图

钻石模型提出后，有众多学者对该理论进行了拓展。例如，1993 年卡特莱特（Cartwright）在多因素钻石模型中纳入了海外变量模型，他拓展的五个新变量为：海外要素创造能力、与海外环境中相关和支持产业的联系、满足客户需求的途径、海外市场和竞争、该产业在多大程度上有面相国际的目标和结构。同年，邓宁（Dunning）认为钻石模型并没有关注各个国家之间的相互依赖性，因此邓宁在原钻石模型基础上提出了国际化钻石模型，将跨国公司的活动看作第三个外生变量纳入模型中。鲁格曼和克鲁兹（Rugman & Cruz）在 1991 年首次提出双钻石模型，该钻石模型将原钻石模型拓展为国内和国际两个层面。穆恩、鲁格曼和沃伯克（Moon，Rugman & Verbeke）于 1998 年提出一般化双钻石模型，他们发现一些相对较小的经济体在运用钻石模型的时候存在一些问题，这些小规模经济体在衡量国际竞争力时需要考虑国内和国际双重因素。韩国研究学者乔东逊（Cho. D. Sung）1994 年将钻石模型原有四大要素扩展到九个，在原有基础上加入了工人、职业经理人和工程师、企业家、政治家和官僚以及外部机遇这五大要素。可以看出，乔东逊尤为关注“人”在提升竞争力中起到的作用，他认为“人力要素”是关键动力，起到决定性作用。我国也有学者对钻石模型提出了改进说明。郑吉昌等（2004）在钻石模型基础上建立了服务贸易竞争力模型，将生产要素、机遇、企业战略、需求条件、政府作用和相关及支持性产业方面结合起来考察一国服务业竞争力变动的根源。

钻石模型自提出以来，受到了广大学者的青睐。基于钻石模型体系构架进行的竞争力评价分析更是数不胜数。例如，庄惠明、黄建忠、陈洁（2009）基于钻石模型分析了我国服务业发展与服务贸易竞争力，构建了我国服务贸易竞争力的计量评价模型。王晰、兰勇（2007）基于钻石模型理论框架，从竞争潜力、竞争实力和竞争业绩的角度分析了湖南省农业国际竞争力的现状。蒋明琳、舒辉、林晓伟（2015）以波特钻石模型作为研究分析范式，从政府能力、物流需求、物流资源、物流企业、区域经济发展水平和信息化水平 6 个方面构建区域物流竞争力评价体系。钻石模型相较于其他竞争力分析方法而言显得更加全面，钻石模型打破了以往静态的、局部的分析竞争力的局面，把比较优势的研究提升到了动态和全局性的层面上来，是竞争力研究的一次重大突破。

（二）指数分析

指数分析法是常用的竞争力分析方法之一。下面介绍几种常用指数分析法。

1. 显示性比较优势指数（RCA）分析

显示性比较优势指数（Revealed Comparative Advantage Index，RCA）最早是美国经济学家 Balassa Bela 于 1965 年采用的测度国际贸易比较优势的一种分析方法，它主要用于衡量一个国家或者某一个特定地区某一产业的比较优势，该指数在一个国家某行业的出口水平和世界平均出口水平之间建立起了联系。其定义为：

$$RCA_{ij}=\frac{X_{ij}}{X_{iw}}$$

其中，X_{ij} 是 j 国特定产业出口占总服务贸易出口的比重，X_{iw} 是全球该特定产业出口占世界贸易总出口的比重。该指数大于 1 时，表明该国该产业贸易有比较优势；若该指数小于 1 时，则为比较劣势。

2. TC 指数分析

贸易竞争力指数又称贸易专业化指数（TC）或净出口比率（NER），它是从绝对优势角度反映一国产品（服务）国际竞争力和地位，其定义为：

$$TC_{ij} = \frac{X_{ij} - M_{ij}}{X_{ij} + M_{ij}}$$

其中，X_{ij} 指 j 国特定行业 i 的出口额，M_{ij} 指 j 国特定行业 i 的进口额。TC 指数在-1 与 1 之间，显然，当 TC 指数大于 0 时，表示该国该行业贸易在国际上具有比较优势；其值越接近于 0 表示该产业竞争力越接近于平均水平；该指数越接近于-1 表示竞争力越薄弱；该指数越接近于 1 则表示竞争力越大。

3. *B* 指数分析

B 指数是 Brülhart（1994）提出的以利用国家间和部门间贸易引致的收益或损失的分配信息来衡量保险业绩效的一个指数，其定义为：

$$B = \frac{X - \Delta M}{|\Delta X| + |\Delta M|}$$

其中，$B=0$ 表示部门边际贸易是纯产业内贸易，*B* 值接近 0 表示增加的贸易是产业内贸易；$B=\pm1$ 表示部门边际贸易是纯产业间贸易，*B* 值接近 1 或-1 表示增加的贸易是产业间贸易。当 $\Delta X>\Delta M$ 时，该产业出口好于进口，表示绩效的提高，反之则绩效下降。

4. 贸易结合度（TCD）

衡量两国之间贸易相关依存度的另一个指标为贸易结合度（TCD），是一国对其贸易伙伴国的出口占该国出口总额的比重，与该贸易伙伴国进口总额占世界进口总额的比重之比。贸易结合度的计算公式如下：

$$\mathrm{TCD}_{ab} = (X_{ab}/X_{a})/(M_{b}/M_{w})$$

其中，TCD_{ab} 表示 a 国对 b 国的贸易结合度，X_{ab}表示 a 国对 b 国的出口额，X_a 表示 a 国出口总额；M_b 表示 b 国进口总额；M_w 表示世界进口总额。如果 $\mathrm{TCD}_{ab}>1$，表明两国在贸易方面的联系紧密，反之表明 a、b 两国在贸易方面的联系松散。

指数分析法是国内外学者对各行业、各地区竞争力评估的最常用方法之一。例如，任剑婷、刘苏（2010）运用国际市场占有率、贸易竞争优势指数、显示性比较优势指数和显示性竞争比较优势指数来分析了我国金融服务贸易竞争力，并且与美国、英国和日本等发达国家做了对比分析。王绍媛（2005）选取了我国服务贸易净出口指标、服务市场占有率指标、服务贸易竞争力指数、服务贸易显示性优势指数等指标对服务贸易竞争力进行了分析。陈伟雄、徐淑云（2017）运用 RCA 指数、TC 指数、IIT 指数等反映贸易特征和贸易竞争力状况的指标，比较分析了中日韩三国创意产品的贸易竞争力。毋庸置疑，指数分析法相较于其他方法而言能够更加直观、具体地反映出竞争力优劣程度。

二、因子分析法

因子分析法是指研究从变量群中提取共性因子的统计技术，最初是用于处理多维随机变量在线性变换下其分量相关性问题的，通过计算相关系数矩阵的特征值或特征向量，按指定的贡献率求出集中原始变量主要信息且相互独立的主因子。① 因子分析法最早由英国心理学家 C. E. 斯皮尔曼提出。他发现学生的各科成绩之间存在着一定的相关性，一科成绩好的学生往往各科成绩都相对来说也比较好，从而推测这种情况可能是由于存在某些潜在的共性因素导致。因子分析法就是试图在许多变量中找出具有代表性的因子。因子分析法的基本目的就是用少数几个因子去描述许多指标或因素之间的联系，即将相关比较密切的几个变量归在同一类中，每一类变

① 陈虹，杨成玉，罗义琳：《中国金融服务业国际竞争力研究》，武汉大学出版社，2013.

量就成为一个因子，以较少的几个因子反映原资料的大部分信息。许多学者倾向于使用因子分析法进行竞争力分析。例如郭翠荣、刘亮（2012）基于因子分析法对我国上市商业银行的竞争力进行了评估研究，他选取了规模性指标、盈利性指标、安全性指标、流动性指标、市场占有能力指标以及发展能力指标六大方面的 20 个因子进行分析，最后将我国上市商业银行进行了竞争力的优劣排行，最后得出结论：传统大银行虽然在目前凭借其遥遥领先的规模和市场占有率优势综合排名靠前，但中小银行在人均创利、开拓市场等资金利用效率方面取得了更好的成绩。① 关珊、朱家明（2017）采用因子分析法针对我国区域经济发展的竞争力进行了探究。他选择了宏观经济、产业结构、社会发展三大角度的 11 个指标，构建了评价区域经济发展竞争力的综合指标体系，对我国不同区域的 14 个省市进行了竞争力评估，最后给出了合理的发展政策建议。② 仲蕾（2017）基于因子分析法对我国物流行业的经营竞争力进行了评估。李晓钟、贾舒（2017）构建了电子信息产业竞争力的评价指标体系，利用因子分析法归纳出影响电子信息产业发展的 4 个重要因素，运用 TOPSIS 的方法对中国各省市电子信息产业竞争力进行优劣比较。

因子分析法相较于其他分析方法而言，其优点在于对各因子的权重是根据各自的方差贡献率来确定的，排除了主观赋予权重的干扰，能够得到更加客观和科学的结果。其方差越大的因子对评价值的影响越大，进而系统赋予的权重也就越大，反之方差越小的因子对于评价值的作用也就越小，系统赋予的权重也就越小。

---

① 郭翠荣，刘亮：《基于因子分析法的我国上市商业银行竞争力评价研究》，《管理世界》2012 年第 1 期，第 176-177 页。

② 关珊，朱家明：《基于因子分析法的区域经济发展竞争力研究》，《哈尔滨师范大学自然科学学报》2017 年第 3 期，第 114-118 页。

第三章　电子商务

第一节　电子商务发展现状

一、全球电子商务业发展状况

全球数字化时代已经到来，电子商务的发展势头强劲。eMarketer 研究报告数据显示，2016 年全球电子商务零售总额预计高达 1.915 万亿美元，占总零售额的 8.7%，增长率达 23.7%。① eMarketer 做了一份电子商务零售总额预测，预计到 2020 年电子商务零售总额将达到 4.058 万亿美元，占总零售额的 14.6%，如图 3-1 所示。

目前来看，全球电子商务网络零售市场仍由发达国家主导，但发展中国家竞争潜力不可小觑。中国作为世界上最大的发展中国家之一，在 2013 年就以 3157.5 亿美元赶超美国位居世界网络零售销售额榜首。而巴西等发展中国家也以较高的增速逐步拉近与发达国家之间的差距。与此同时，我们可以很明显地看到发达国家网络零售增速均有所放缓。表 3-1 为十大电子商务国家电子零售商销售额。

---

① 数据来源：中国电子商务研究中心《2017 年（上）中国电子商务市场数据监测报告》。

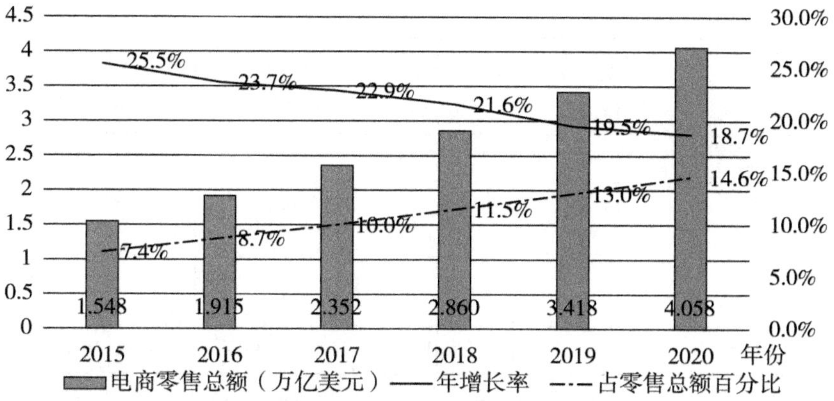

图 3-1 2015—2020 年全球零售总额预测

资料来源：eMarketer。

表 3-1 十大电子商务国家电子零售商销售额（十亿美元）

	2012 年	2013 年	2014 年	2015 年
中国	214. 8	315. 75	472. 91	672. 01
增长率	—	(47. 00%)	(49. 77%)	(42. 10%)
美国	226. 85	264. 28	305. 65	349. 06
增长率	—	(16. 50%)	(15. 65%)	(14. 20%)
英国	60. 16	70. 39	86. 81	99. 39
增长率	—	(17. 00%)	(23. 33%)	(14. 49%)
日本	52. 7	62. 13	78. 55	89. 55
增长率	—	(17. 89%)	(26. 43%)	(14. 00%)
德国	42. 65	51. 91	55. 21	61. 84
增长率	—	(21. 71%)	(6. 36%)	(12. 01%)
法国	30. 22	34. 21	38. 34	42. 6
增长率	—	(13. 20%)	(12. 07%)	(11. 11%)
韩国	26. 02	29. 3	35. 01	38. 86
增长率	—	(12. 61%)	(19. 49%)	(11. 00%)

续表

	2012 年	2013 年	2014 年	2015 年
加拿大	17. 82	20. 98	22. 98	26. 83
增长率	—	(17. 73%)	(9. 53%)	(16. 75%)
俄罗斯	11. 82	15. 06	14. 45	16. 78
增长率	—	(27. 41%)	(-4. 05%)	(16. 12%)
巴西	10. 42	13. 34	14. 45	16. 87
增长率	—	(28. 02%)	(8. 32%)	(16. 75%)

资料来源：eMarketer（注：2014 年、2015 年数据均为预测值）。

而根据法国 Lengow 的报告显示，截至 2016 年年底，电子商务营业额最高的五个国家分别为中国、美国、英国、日本和法国。其营业额见表 3-2 五国电子商务营业额及网购人数比例表 。虽然我国网购人口占总人口比例仅达 36%，但以绝对的营业额优势位列第一，约为排名第五的法国电子商务营业额的 13 倍。这可能得益于我国人口基数较大，网购人口绝对人数高于其他各国。数据显示，我国网民规模高达 7. 31 亿，普及率为 53. 2%，其中网络购物用户规模高达 4. 67 亿，占网民比例为 63. 8%。这说明我国电子商务市场还有很大的发展潜力以及发展空间。我国电子商务零售业高速发展势头强劲，2016 年电子商务交易总额达 26. 1 万亿元，交易额约占全球电子商务零售市场份额的 39. 2%①，且连续多年位列全球规模最大网络零售市场第一名。

表 3-2　　**五国电子商务营业额及网购人数比例表**

排名	国家	营业额	网购人口占总人口比例
1	中国	9750 亿美元	36%
2	美国	6480 亿美元	67%

① 数据来源：商务部《中国电子商务报告（2016）》。

续表

排名	国家	营业额	网购人口占总人口比例
3	英国	1860 亿美元	81%
4	日本	1240 亿美元	70%
5	法国	760 亿美元	66%

资料来源：Lengow。

网络零售业的快速发展打破了传统线下销售模式，让越来越多的消费者倾向于通过网络进行购物。与此同时，依托于互联网的购物形式打破了时间与空间的限制，因而使得跨境电子商务也迅速发展起来。表 3-3 为 Nielsen 于 2015 年第四季度对全球 25 个国家进行的消费者调查，数据为 2015 年 6 月至 2015 年 12 月中曾参与过跨境购物的消费者百分比。

表 3-3　　**全球各大地区参与跨境购物消费者百分比**

南美洲	加拿大	美国					
	62%	29%					
非洲	尼日利亚	南非					
	61%	50%					
拉丁美洲	智利	墨西哥	哥伦比亚	巴西	阿根廷		
	69%	64%	54%	44%	42%		
亚太地区	印度	澳大利亚	泰国	菲律宾	中国	韩国	日本
	74%	66%	64%	62%	58%	50%	32%
欧洲地区	意大利	德国	俄罗斯	西班牙	法国	土耳其	英国
	79%	73%	64%	63%	59%	54%	52%

资料来源：Nielsen：2016 年全球电子商务报告。

从表 3-3 中可见，意大利、印度、德国三个国家均有 70%以上的消费者曾参与跨境购物，大部分国家有半数以上的消费者参与跨境购物，而值得注意的是美国地区在 2015 年 6 月至 2015 年 12 月内参与跨境消费人数竟占 29%，这很可能是由于美国地区国内网络零售业足以满足国内消费者购物需求。

二、全球电子商务基础建设现状

无论是境内电子商务采购还是跨境电子商务消费都需要依托于互联网络开展，这就涉及电子商务的基础设施建设问题。毋庸置疑，美国一直是世界信息化技术的引领者。2016 年国家信息化发展指数显示，美国以信息化指数 84.1 名列第一，英国以信息化指数 82.7 名列第二。而我国信息化指数为 72.8，名列第二十五位。在发展中国家中，我国信息化程度名列前五。国家信息化发展指数是中国互联网络信息中心联合中国信息通信研究院等相关单位通过研究全球信息通信技术发展指数（IDI）、全球电子政务发展指数（EGDI）、全球网络化就绪度指数（NRI）等信息化评价指数而独创的国家信息化发展指数，它能够全面、及时地反映各国信息化发展态势。① 表 3-4 为全球信息化发展指数排名。

表 3-4 **全球信息化发展指数排名**

排名	国家	信息化指数	排名	国家	信息化指数
1	美国	84.1	10	德国	78.5
2	英国	82.7	11	加拿大	78.3
3	日本	81.5	12	挪威	77.9
4	瑞典	81.4	13	爱沙尼亚	77.7
5	韩国	81.0	14	爱尔兰	77.5
6	芬兰	80.4	15	法国	77.0
7	荷兰	80.3	16	比利时	76.5
8	新加坡	80.1	17	丹麦	76.5
9	以色列	78.6	18	澳大利亚	76.3

① 中国互联网络信息中心《国家信息化发展评价报告（2016）》。

续表

排名	国家	信息化指数	排名	国家	信息化指数
19	新西兰	75.8	35	智利	68.1
20	奥地利	75.5	36	罗马尼亚	67.9
21	瑞士	74.3	37	沙特阿拉伯	67.7
22	西班牙	73.7	38	乌拉圭	67.1
23	俄罗斯	73.2	39	阿根廷	66.8
24	卢森堡	73.1	40	克罗地亚	65.8
25	中国	72.8	41	巴西	65.8
26	冰岛	72.4	42	科威特	65.7
27	马来西亚	71.4	43	哥斯达黎加	65.6
28	捷克	71.0	44	乌克兰	65.5
29	立陶宛	70.7	45	希腊	65
30	卡塔尔	70.1	46	保加利亚	64.7
31	意大利	70.1	47	哈萨克斯坦	64.3
32	葡萄牙	70.0	48	土耳其	62.2
33	匈牙利	69.3	49	巴拿马	62.2
34	波兰	68.9	50	哥伦比亚	62.1

资料来源：中国互联网络信息中心。

该信息化指数分别从网络基础设施就绪度、产业与技术创新、信息化应用效益、网络安全保障以及信息化可持续发展五大方面对全球国家信息化情况进行评价。信息化与经济发展存在较高的相关性，美国、英国、日本等发达经济体信息化程度位列前茅，而中国则从2012年的排名第三十六位晋升到目前的第25位，可以说在信息化建设方面有着很大的成效。中国在信息化方面虽然与美国、英国、日本等国家还有所差距，但我国信息化发展速度势不可当。从2007年开始，我国网民规模逐年急速增加，到2016年12月为止网民规模已经达到7.31亿人，而2016年年底中国总人口数据为13.8亿人，互联网普及率已经超过50%，达到52.97%，超过全球平均水平 3.1 个百分点，超过亚洲平均水平 7.6 个百分点。① 图 3-2 为中国网民规模人数统计。

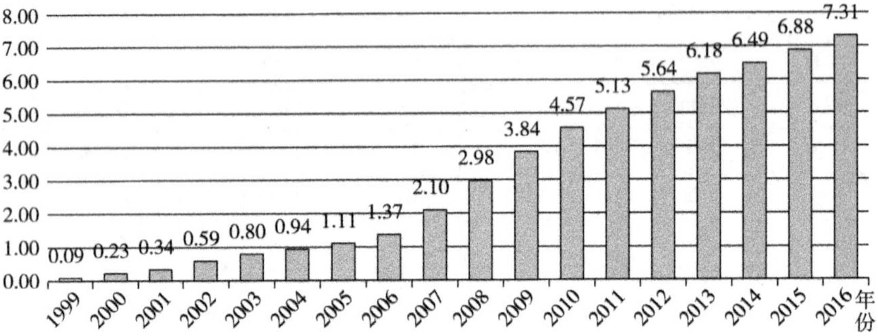

图 3-2 中国网民规模（亿人）

资料来源：Wind 资讯。

信息化指数相对抽象，而各国家互联网渗透率则更加直接地反映出互联网使用情况。表 3-5 为十大电子商务国家互联网渗透率。互联网渗透率是世界银行统计的以每一百人里使用互联网的人数来衡量互联网使用率的指标。根据表 3-5 可知，2016 年英国、日本、韩国等国家互联网渗透率均在 90%以上，接近饱和。而中国、巴西等发展中国家互联网渗透率则远远低于发达国家。不过，值得注意的是，中国以及巴西的互联网渗透率增长率却远远领先于欧美国家和地区。

表 3-5 **十大电子商务国家互联网渗透率**

	2009	2010	2011	2012	2013	2014	2015	2016
巴西	**39.22%**	**40.65%**	**45.69%**	**48.56%**	**51.04%**	**54.55%**	**58.33%**	**59.68%**
增长率	15.93%	3.65%	12.40%	6.28%	5.11%	6.88%	6.92%	2.32%

① 《中国互联网络发展状况统计报告》2017 年 1 月由中央网络安全和信息化领导小组办公室、国家互联网信息办公室联合发布。

续表

	2009	2010	2011	2012	2013	2014	2015	2016
中国	**28. 90%**	**34. 30%**	**38. 30%**	**42. 30%**	**45. 80%**	**47. 90%**	**50. 30%**	**53. 20%**
增长率	27. 88%	18. 69%	11. 66%	10. 44%	8. 27%	4. 59%	5. 01%	5. 77%
加拿大	**80. 30%**	**80. 30%**	**83. 00%**	**83. 00%**	**85. 80%**	**87. 12%**	**88. 47%**	**89. 84%**
增长率	4. 69%	0. 00%	3. 36%	0. 00%	3. 37%	1. 54%	1. 55%	1. 55%
德国	**79. 00%**	**82. 00%**	**81. 27%**	**82. 35%**	**84. 17%**	**86. 19%**	**87. 59%**	**89. 65%**
增长率	1. 28%	3. 80%	-0. 89%	1. 33%	2. 21%	2. 40%	1. 62%	2. 35%
法国	**71. 58%**	**77. 28%**	**77. 82%**	**81. 44%**	**81. 92%**	**83. 75%**	**84. 69%**	**85. 62%**
增长率	1. 27%	7. 96%	0. 70%	4. 65%	0. 59%	2. 23%	1. 13%	1. 10%
英国	**83. 56%**	**85. 00%**	**85. 38%**	**87. 48%**	**89. 84%**	**91. 61%**	**92. 00%**	**94. 78%**
增长率	6. 60%	1. 72%	0. 45%	2. 46%	2. 70%	1. 97%	0. 43%	3. 02%
日本	**78. 00%**	**78. 21%**	**79. 05%**	**79. 50%**	**88. 22%**	**89. 11%**	**91. 06%**	**92. 00%**
增长率	3. 45%	0. 27%	1. 08%	0. 56%	10. 97%	1. 01%	2. 19%	1. 03%
美国	**71. 00%**	**71. 69%**	**69. 73%**	**74. 70%**	**71. 40%**	**73. 00%**	**74. 55%**	**76. 18%**
增长率	-4. 05%	0. 97%	-2. 73%	7. 13%	-4. 42%	2. 24%	2. 13%	2. 18%
俄罗斯	**29. 00%**	**43. 00%**	**49. 00%**	**63. 80%**	**67. 97%**	**70. 52%**	**73. 41%**	**76. 41%**
增长率	8. 09%	48. 28%	13. 95%	30. 20%	6. 54%	3. 75%	4. 10%	4. 09%
韩国	**81. 60%**	**83. 70%**	**83. 76%**	**84. 07%**	**84. 77%**	**87. 56%**	**89. 65%**	**92. 72%**
增长率	0. 74%	2. 57%	0. 07%	0. 37%	0. 83%	3. 29%	2. 39%	3. 42%

资料来源：World Bank。

同时，就目前电子商务零售业发展而言，从电脑终端向移动终端转移趋势明显，智能手机功能越来越齐全，其相较于电脑的使用来说更加不受到时间与空间的限制。因此，我们同样在表 3-6 中列出了截至 2016 年前十大移动互联网渗透率国家。阿联酋以 91%的移动互联网渗透率位列第一，而美国以及英国的移动互联网渗透率相对较低。亚洲地区新加坡、韩国分别位列第二、第四。

表 3-6 **2016 年移动互联网渗透率排名**

序号	国家	移动互联网渗透率	序号	国家	移动互联网渗透率
1	阿联酋	91%	6	西班牙	80%
2	新加坡	88%	7	挪威	79%
3	沙特阿拉伯	86%	8	澳大利亚	77%
4	韩国	83%	9	英国	71%
5	瑞典	83%	10	美国	57%

资料来源：VPNMENTOR。

根据最新互联网数据监测，全球互联网使用者中，有近半数来自亚洲国家。详情见图 3-3 世界各区域互联网使用人数比例图。亚洲地区经济与互联网技术发展虽然不及欧美地区等发达国家，但我们可以看出亚洲地区互联网人数使用比例远高于其他区域，这可能是由于亚洲人口基数较大所致。

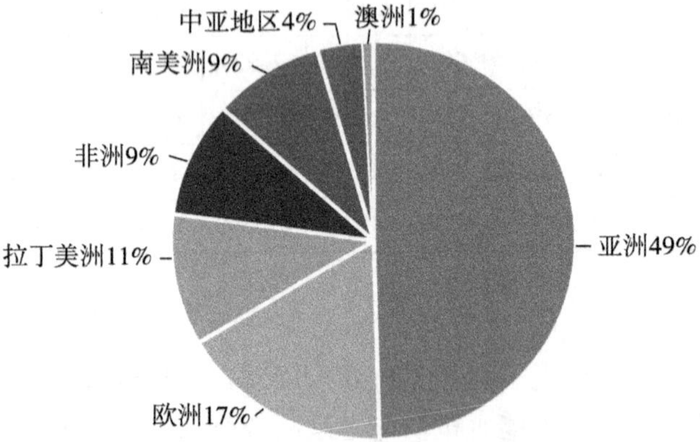

图 3-3 世界各区域互联网使用人数比例图

资料来源：VPNMENTOR。

互联网连接速度是互联网使用时的关键问题。随着科学技术的发展，全球互联网连接逐年攀升。英国 Cable. co. uk 近期对全球各地的宽带下载网速进行了测速分析，结果显示新加坡的宽带下载网速排名全球第一，瑞典位列第二，中国香港地区（第十）和中国台湾地区（第三）均世界排名靠前，但是中国内地排名仅为134。图3-4为该测试的结果。

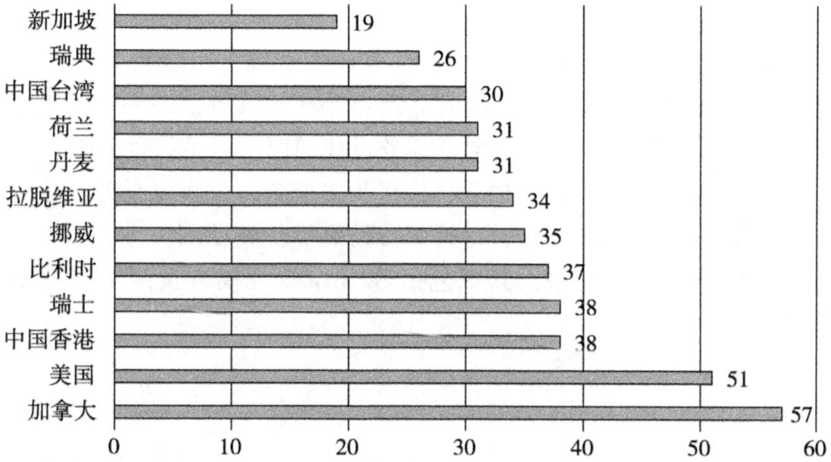

图3-4　宽带下载网速测试：下载一部电影所需时长（分钟）

资料来源：Cable. co. uk。

本小节罗列了一系列全球主要地区、主要经济体的电子商务基础建设数据。欧美地区国家电子商务建设较为均衡，由于其经济实力普遍雄厚，科技发展也始终走在其他各地区前列。亚洲地区则呈现出不均衡发展态势，部分国家例如新加坡在互联网连接速度、移动网络渗透率等方面已经超越了欧美国家。但大部分亚洲地区国家互联网基础设施建设发展却远远不及欧美地区。不过，毋庸置疑的是，全球整体电子商务基础设施建设正在高速发展之中，无论是从互联网渗透率还是从互联网连接效率，又或者是互联网安全性能等方面，更多的人能够有条件使用互联网络，才能通过网络进行线上采购；更快的互联网连接速度能够大大优化互联网使用者的用户体验；更多的互联网安全性功能保障能够提高互联网使用者的接受程度、信任程度，从而使更多的人倾向于线上购物。这些都是推动全球电子商务产业发展的基本动力。电子商务基础设施建设是分析电子商务竞争力中不可或缺的重要影响因素之一。

三、我国电子商务发展现状

（一）市场规模

近年来，我国无论是B2B还是B2C电子商务市场都发展势头强劲。一方面，国家及地方政府陆续出台相关政策，进一步规范电子商务交易环境，推动我国电子商务行业健康、可持续地发展；另一方面，网络技术优化、电子产品普及率提高以及相关服务产业链快速发展也是推动我国电子商务交易迅猛增长的原因。图3-5为我国电子商务市场规模图，其中包括B2B市场规模以及网络零售市场规模。

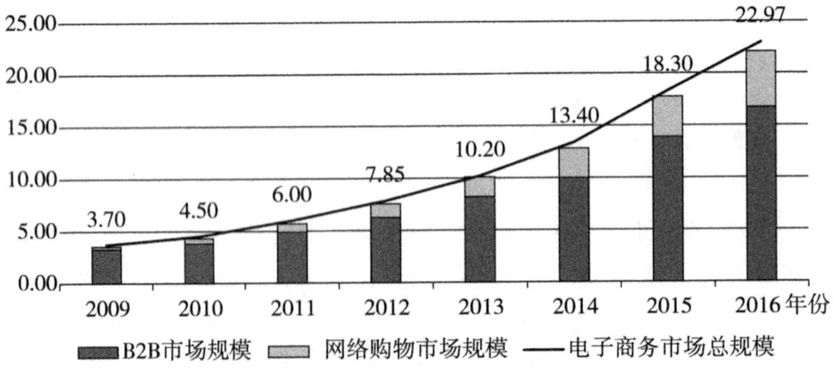

图3-5 中国电子商务市场规模（万亿元）

资料来源：Wind数据库。

从图3-5可以直观地看出，我国电子商务市场规模增长迅速。而在这样一种高速发展的态势下，我国电子商务格局呈现出如下突出特点：其一，垄断局面逐渐成形。电子商务竞争日益激烈，大部分市场份额被个别电子商务企业垄断，例如阿里巴巴、淘宝、京东等；区域发展不平衡，电子商务企业主要集中在北京、深圳、上海、宁波、杭州等经济发达地区。其二，跨境电子商务交易迅猛发展。2014 年，我国跨境网络零售交易额达到 4393 亿元，同比增长 44%。其中，进口网络零售额约 1260 亿元，同比增长 60%；出口网络零售额约 3132 亿元，同比增长 40%。① 在我国对外贸易增速放缓的背景下，跨境电子商务仍不减发展势头，由此可见，跨境电子商务很可能成为未来对外贸易发展的主要驱动力。其三，移动网购交易规模迅速扩大。其原因有三：移动网络技术的进步、智能手机和平板电脑使用率增加，以及微商及移动网络第三方支付客户端的快速发展。图 3-6 为我国移动互联网络市场规模图。移动网络相较于电脑而言更能让使用者突破时间与空间的限制，随时随地地进行信息查询与网络采购。手机的普及使用以及移动网络硬件技术的迅速发展使移动互联网络的使用更加便利。

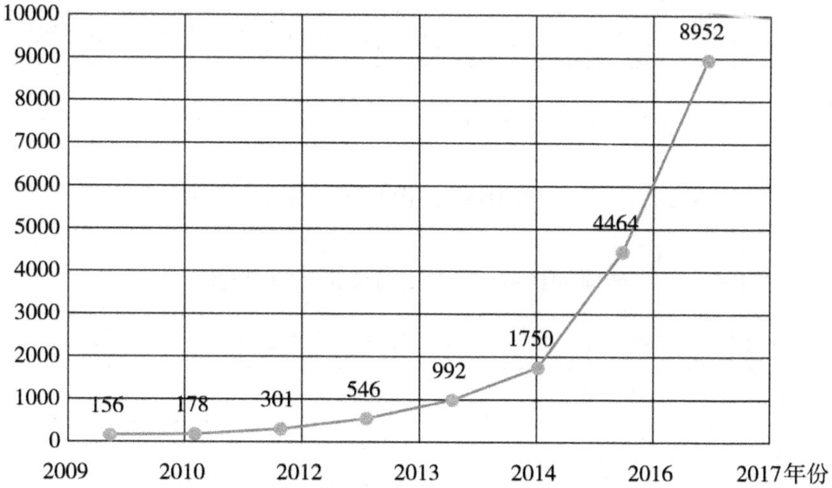

图 3-6　中国移动互联网络市场规模（亿元）

资料来源：Wind 数据库。

① 资料来源《2014 年中国电子商务报告》，汇率依据 2014 年 12 月 31 日美元兑人民币中间价 6.119 换算。

（二）电子商务业 TC 指数分析

贸易竞争力指数又称贸易专业化指数（Trade Competitiveness，TC），是对竞争力分析时比较常用的测度指标之一，它表示一国某一产业进出口贸易的差额占进出口贸易总额的比重，其公式为：

$$TC_{ij} = \frac{X_{ij} - M_{ij}}{X_{ij} + M_{ij}}$$

其中，X_{ij} 指 j 国某产业 i 的出口额，M_{ij} 指 j 国某产业 i 的进口额。TC 指数在-1 与 1 之间。其值越接近于 0 表示该产业竞争力越接近于平均水平；该指数越接近于-1 表示竞争力越薄弱；该指数越接近于 1 则表示竞争力越强，其判断标准如表 3-7 所示：

表 3-7　　**TC 指数判断标准**

极大劣势	较大劣势	微弱劣势	微弱优势	较强优势	极强优势
(-1,-0.6)	(-0.6,-0.3)	(-0.3,0)	(0,0.3)	(0.3,0.6)	(0.6,1)

表 3-8 为我国 2010—2014 年电子商务业 TC 指数。

表 3-8　　**我国 2010—2014 年电子商务业 TC 指数**

年份	出口额（万亿元）	进口额（万亿元）	TC 指数
2010	1.020	0.080	0.854
2011	1.554	0.146	0.828
2012	1.880	0.221	0.790
2013	2.759	0.391	0.752
2014	3.587	0.613	0.708

资料来源：根据新闻整理。

我国电子商务业 TC 指数均高达 0.7 以上，说明我国电子商务业竞争力较强。但值得注意的是，TC 指数呈逐年下降趋势，其原因可能由于国内市场对海外商品的需求增加所致，同时也说明我国电子商务业竞争力略显疲软，值得重视。

（三）电子商务发展指数

由清华大学电子商务交易技术国家工程实验室、中央财经大学中国互联网经济研究院、中国社会科学院中国社会科学评价中心、中国国际电子商务研究院以及亿邦动力研究院联合发布了《2016 年中国电子商务发展指数报告》。该报告建立了独创的电子商务发展指数评估体系，从发展规模、成长潜力、应用渗透、支撑环境四大方面全面评估了我国各省份电子商务发展水平。其中，规模指数选取了各省有电子商务活动企业数占全国有电子商务活动企业数比重、各省电子商务交易额占全国电子商务交易额比重、各省网络零售额占全国网络零售额比重、各省网购人数占全国网购人数比重等指标，反映了该省电子商务发展的市场规模；成长指数则选取各省有电子商务活动的企业数增长率、电子商务交易额增长率、网络零售额增长率、网络购物人数增长率等指标，反映了该省份电子商务的成长潜力以及发展的未来预期；渗透指数选取了各省有电子商务活动企业数占该省总企业数比重、各省网购人数占该省网民人数比重、各省网络零售额占该省社会消费品零售额比重等指标，该指数反映了各省电子商务活动对经济活动的影响程度以及对传统产业的影响程度；支撑指数选取了基础环境、物流环境、人力资本环境等方面的指标，该指数反映了各省与电子商务发展相关的保障能力以及该地区的电子商务发展环境。表 3-9 为 2016 年我国内地各省级行政区域电子商务发展指数的测评结果，该指数能够较为全面地反映出我国各省电子商务的发展情况，且具有权威性。①

① 清华大学电子商务交易技术国家工程实验室等《2016 年中国电子商务发展指数报告》。

表 3-9 **2016 年我国内地各省级行政区域电子商务发展指数表**

排名	省份	发展指数	排名	省份	发展指数
1	广东	69.73	17	湖北	25.22
2	浙江	61.09	18	江西	24.63
3	江苏	51.61	19	天津	24.62
4	北京	40.44	20	宁夏	24.47
5	上海	39.20	21	湖南	23.95
6	福建	36.21	22	新疆	23.60
7	山东	32.58	23	甘肃	22.74
8	安徽	32.53	24	海南	22.57
9	四川	30.12	25	内蒙古	22.27
10	重庆	28.41	26	贵州	21.60
11	河南	28.06	27	青海	20.87
12	陕西	27.53	28	广西	19.32
13	云南	25.93	29	黑龙江	19.13
14	山西	25.93	30	吉林	18.31
15	辽宁	25.69	31	西藏	16.13
16	河北	25.45			

资料来源：清华大学电子商务交易技术国家工程实验室等《2016 年中国电子商务发展指数报告》。

（四）电子商务代表性企业比较分析

本小节选取了国内外三家具有代表性的电子商务企业对其主要财务数据进行比较分析。它们分别是京东集团、阿里巴巴集团以及亚马逊集团。我们拟通过基础财务数据从微观角度去了解电子商务企业发展状况。表 3-10 为三家企业近年营业总收入、净利润、净资产收益率、销售净利率以及资产负债率数据。

表 3-10　　京东、阿里、亚马逊财务数据对比

		2013-12-31	2014-12-31	2015-12-31	2016-12-31
阿里巴巴	营业总收入(亿元)	525.04	762.04	1011.43	1582.73
	净利润(亿元)	234.03	243.20	712.89	412.26
	净资产收益率(%)	84.11	26.11	39.32	17.50
	销售净利率(%)	44.57	31.91	70.48	26.05
	资产负债率(%)	63.41	38.12	31.43	36.05
亚马逊	营业总收入(亿元)	744.52	889.88	1070.06	1359.87
	净利润(亿元)	2.74	-2.41	5.96	23.71
	净资产收益率(%)	3.06	-2.35	4.94	14.52
	销售净利率(%)	0.37	-0.27	0.56	1.74
	资产负债率(%)	75.73	80.29	79.55	76.88
京东	营业总收入(亿元)	693.40	1150.02	1812.87	2601.22
	净利润(亿元)	-0.50	-49.96	-93.88	-34.14
	净资产收益率(%)	-0.64	-21.38	-27.57	-11.82
	销售净利率(%)	-0.07	-4.34	-5.18	-1.31
	资产负债率(%)	64.48	43.61	63.98	74.30

资料来源：各公司财务报表。

表 3-10 中，京东及阿里巴巴的营业总收入以及营业总收入增速明显高于亚马逊集团，我们有理由推测，中国国内电子商务市场的市场发展潜力远高于美国。虽然美国在电子商务方面处于世界领先地位，但其市场可能趋于饱和。然而，在营业收入方面领先的京东集团，却存在营业利润 4 年为负的状况。这很可能与京东集团高额的营业成本有关，例如，对自身物流系统的不断投资。阿里巴巴的净利润、净资产收益率远远高于亚马逊集团以及京东集团，可见阿里巴巴集团的运营效率与效益较高。从资产负债率方面我们可以看到，阿里巴巴保持着比亚马逊和京东集团更加合理的资产结构。亚马逊与京东集团在 2016 年资产负债率均已超过 70%，而亚马逊

集团更是年年保持着70%以上的高资产负债率，这在营业利润加速萎缩的情况下，是极其不利的。从整体评估来看，阿里巴巴集团无疑是三家电子商务企业中竞争力最强的企业。

见微知著，一方面中国电子商务市场仍有极大国内需求可以挖掘；另一方面中国电子商务的发展环境与美国相比仍有一定差距，相关支持产业，例如，物流业、互联网业的发展，将会在一定程度上增强电子商务企业竞争力。另外，在欧美等国家自身电子商务市场接近饱和、增速放缓的不利情况下，美国等发达国家的网络零售商自然会将目光投向具有潜力的以中国为主的发展中国家电子商务市场。这对我国本土电子商务企业来说既是挑战也是机遇。一方面，通过跨境交易，可以让更多国产品牌走向世界，适当缓解国内消费品产能过剩；另一方面，来自全球各国的优秀电子商务企业的竞争也将会成为本土电子商务快速成长的驱动力。

四、电子商务竞争力研究的意义

当前，中国“互联网+”背景下，电子商务正处在高速发展阶段，电子商务国内外市场拥有很大的发展潜力。图3-7为2012年至2017年上半年中国电子商务市场交易规模统计图。

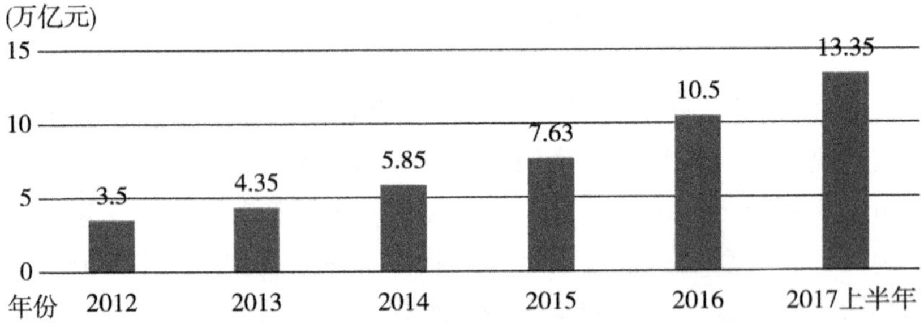

图3-7　2012—2017年上半年中国电子商务市场交易规模

资料来源：中国电子商务研究中心。

根据中国电子商务研究中心的数据显示，2017年上半年电子商务交易额13.35万亿元，同比增长27.1%。其中B2B市场交易额 9.8 万亿元，网络零售市场交易额 3.1 万亿元，生活服务电子商务交易额 0.45 万亿元。① 与此同时，我国跨境电子商务交易规模也在迅速提升。2017 年上半年中国跨境电子商务交易规模为 3.6 万亿元，同比增长 30.7%。其中，出口跨境电子商务交易规模 2.75 万亿元，进口跨境电子商务交易规模 8624 亿元。图 3-8 为 2012 年至 2017 年上半年中国跨境电子商务交易规模统计图。虽然，我国电子商务发展势头强劲，但是较欧美等发达国家而言，在国际上的竞争力还具有一定差距，因此，探寻我国电子商务竞争力的主要影响因素显得尤为重要。

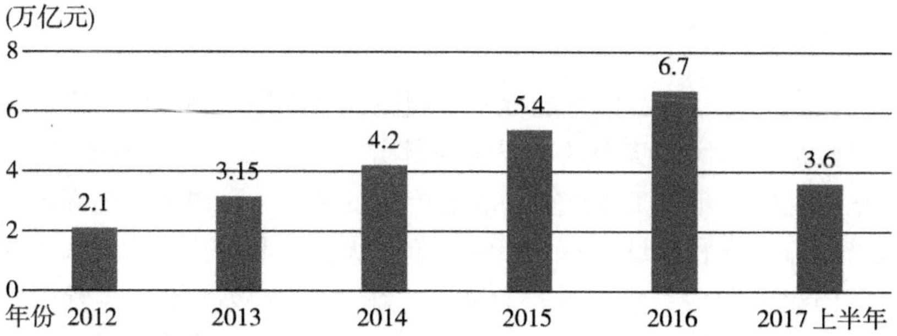

图 3-8　2012—2017 年上半年中国跨境电子商务交易规模

资料来源：中国电子商务研究中心。

推动我国电子商务产业发展有如下重要意义：

第一，电子商务产业的兴起能够极大地缓解我国就业压力。近两年来，我国经济增速明显放缓，进入“新常态”，国内实体产业略显疲软，再加上国家对房地产业的宏观调控，间接影响了上下游相关产业，大部分企业效益呈下降状态，进一步加剧了我国就业难的现状。然而，互联网经济的兴起大大缓解了就业难的局面。电子商务企业及其相关产业企业为就业人员提供了大量的就业岗位。图 3-9 为 2012 年至 2017 年上半年中国电子商务企业从业人员规模统

① 中国电子商务研究中心《2017 年上半年中国电子商务报告》。

计图。

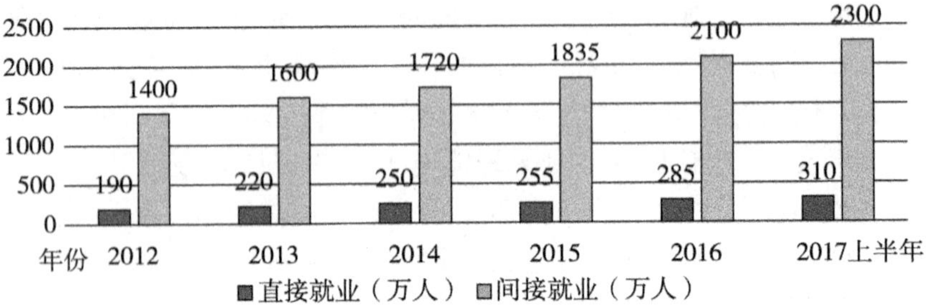

图 3-9 2012—2017 年上半年中国电子商务企业从业人员规模

资料来源：中国电子商务研究中心。

第二，电子商务的兴起提升了国民经济发展后劲。电子商务目前已经成为国民经济中的重要组成部分。一方面，发展电子商务，以信息化方式带动工业产业、农业产业发展，拉动内需，提高国民经济运行效率和质量，深化产业改革，优化产业结构，能够大大提升我国经济发展后劲；另一方面，电子商务突破了传统运营模式“时间”与“空间”的限制，不仅挖掘了国内潜在的消费需求，更开拓了海外贸易市场，让跨境贸易交易更加高效。可以说，电子商务的发展贯穿于三大产业之中，为工业、农业、服务业发展提供了坚实的后备力量，保证了它们可持续发展的动力。

电子商务业的发展也同样得到了我国决策部门的重视，决策部门出台了一系列相关文件。例如，2015 年国务院办公厅发布了《国务院关于大力发展电子商务加快培育经济新动力的意见》，随后针对该意见，2016 年由国家发展改革委员会发布了《关于推动电子商务发展有关工作的通知》，文件中表示，应切实发挥电子商务对促进经济增长和产业转型升级的作用，带动大众创业和万众创新，加快培育经济发展新动力。以电子商务促进区域经济发展，带动产业转型升级，提高城市经济影响力和辐射力。由此可见，电子商务发展已成为我国国民经济发展新的增长点。因此，本章节通过从宏观层面研究电子商务产业整体竞争力，以及微观层面电子商务企业竞争力的研究来探析我国电子商务发展的主要影响因素，从而有针对性地去优化影响我国电子商务竞争力的主要因素。这无论是对于政策决策者还是电子商务企业管理者来说都具有非常重要的参考价值。

第二节　互联网+背景下中国B2C电子商务业竞争力实证研究

一、电子商务的定义及文献综述

（一）电子商务定义

电子商务，从字面意义上来讲，是指通过计算机网络等电子信息化手段而实现的一系列商务贸易活动。对于电子商务的概念，不同机构、学者从各个角度均有不同的理解。例如，美国政府在《全球电子商务纲要》中对电子商务的定义如下：电子商务是通过Internet进行的各种商务活动，包括广告、交易、支付、服务等活动，全球电子商务活动则会涉及全球各国。1997年，欧洲经济委员会举办了全球信息社会标准大会，在会议上，提出了更为完整的电子商务定义：电子商务是各参与方之间以电子方式而不是以物理交换或直接物理接触方式完成任何形式的业务交易。也就是说，电子方式包括了数据处理、网络支付、互联网系统、信息交换等。同年，在欧盟通过的《电子商务欧洲动议》中定义电子商务则是通过电子方式进行的商务活动。它通过电子方式处理和传递数据，包括文本、声音和图像。它涉及许多方面的活动，包括货物电子贸易和服务、在线数据传递、电子资金划拨、电子证券交易、电子货运单证、商业拍卖、合作设计和工程、在线资料、公共产品获得。它包括了产品和服务以及虚拟活动。世界贸易组织在对电子商务专题报告中定义电子商务是通过电信网络进行的生产、营销、销售和流通活动。以上是不同机构对电子商务的定义。全球各国学者对电子商务的理解同样有着不同的角度，例如美国学者Soon-Yong Choi、

Dale O. Stahl、Andrew B. Whinston 等编著的 *E-commerce Economics* 一书中将电子商务定义为“一个提供新型产品的新市场，如通过数字渠道提供数字产品。实物产品的销售商也受数字过程的影响，如在线订购、市场调查、支付方式等，都是这个新市场的一部分”。同样，我国学者吴菲菲在 2001 年出版的《电子商务教程》一书中对电子商务的定义为：电子商务是一种崭新的企业经营和业务运作方式，它是利用电子手段，特别是计算机网络技术，通过网络与合作伙伴进行经济信息或者业务信息的交换和处理，从而快速有效地处理日常商务和业务活动的一种新方法、新手段、新技术，它包括了全部可能的商业运作过程，即从销售、市场到企业管理的全过程，是整个商业活动和企业结构基于计算机网络的重组和创新，它融合了互联网能够达到的广阔领域和传统的信息技术系统的巨大资源，利用计算机网络非常有效地把有价值的信息和需要这些信息的人联系起来，形成了价值增值链和增值网。虽然角度不同，但这些定义都有相同之处：其一，依托于互联网络；其二，是商务贸易行为。

（二）国外学者关于电子商务业竞争力的研究

西方学者对于 B2C 电子商务业领域的研究多数集中于中微观特定的方面，例如从隐私保护、授权等安全性角度（Rong-Ruey Duh，Karim Jamal，2001），从文化及战略管理的角度（Maris G. Martinsons，2008），从客户信任度及安全的角度（Pavlou，2003；Tan & Thoen，2003；David & Detmar，2004），从需求导向的角度（Gal Oestreicher-Singer，Arun Sundararajan，2011），从电子商务业风险管理的角度（Michael Ettredge，Vernon J. Richardson，2001），从基础设施建设的角度（Dutta，1997），从互联网创新（Ángel & Ignacio，2008）的角度等来进行研究。

仅有少部分文献尝试用更加系统的方法来衡量电子商务业的竞争优势问题。Haseba Hamad、Ibrahim Elbeltagi（2015）针对美国 B2B 模式电子商务业的竞争优势问题，从微观层面上进行了实证研究。运用技术—组织—环境的分析框架（TOE），研究发现不同阶段的电子商务运营有着不同的竞争优势影响因素，例如在起步阶段高管层的支持、公司规模以及政府支持是相对重要的。当在电子商务的运营阶段，商业环境、信息技术等则是影响企业电子商务领域竞争力的主要因素。

James Agarwal、Terry Wu（2015）基于 N-OLI 多维理论框架从三个层面分析了影响电子商务成长潜力的主要因素。研究发现，在宏观（全球）层面上，多边协定、跨国企业战略决策以及技术创新是主要影响因素；在中观（国家）层面上，政策环境、基础设施以及文化环境是主要影响因素；在微观（交易）层面上，交易信任度、线上交易平台、网络外部性以及价值集群是主要影响因素。关于电子商务发展潜力的理论研究体系，James Agarwal、Terry Wu（2015）在其文章中做了列举分析。其中包括交易成本经济理论（Jones，Hesterly，Borgatti，1997；Malhotra，Kim，Agarwal，2004）中环境不确定性、资产特殊性以及交易频率因素；资源与知识理论（Barney，1991；Mudambi，2004；Singh and Kundu，2002）中资源特定性、网络信息可获得性、共享性、网络合作伙伴；互联网理论（Rowley，1997；Gulati，1999）中网络市场主导能力、网络外部性；所有权—定位—内部化理论（Rayport and Jaworski，2001；Singh and Kundu，2002）中无形资源、知识创新、客户关系维护、社会资本投资、企业资源整合；制度理论（Dunning and Lundan，2008；North，2005；Shareef，Kumar，and Kumar，2008）中的国家政策环境、商业制度以及企业家理论（Amit and Zott，2001；Shane and Venkataraman，2000）中的资源配置能力、风险控制能力、机遇识别能力等均对电子商务发展有不同程度的影响力。

Irwin Brown、Ruwanga Jayakody（2009）在融会了技术可得性模型、期望确认理论和 IS 成功理论的基础上构建了一个从微观层面用以测度电子商务业竞争力的框架模型。研究结果显示，影响电子商务业竞争力的几大关键性因素分别是：服务质量、网络平台建设、信息技术、顾客信任度、满意度、持续购买意图。

（三）国内学者关于电子商务业竞争力的研究

国内学者对于电子商务业的研究多集中于电子商务的定性发展策略研究，杨坚争、段元萍（2008）从行业、市场和商务运作三个方面探讨了国际电子商务的发展策略；陈洁（2014）指出我国电子商务业发展的瓶颈集中于电子商务安全以及网络信息技术；黄培雄（1999）同样指出安全问题和信用问题是我国电子商务业发展的难点；赵志田、杨坚争（2013）从贸易周期的视角指出国际电子商务业的发展战略应该与国内经济发展周期相适应。

仅有极少部分文章进行了电子商务业竞争力量化的分析。霍云福、王玉彩（2013）采用数据包络分析（DEA）方法，综合利用该方法中的多个模型，选取中国有代表性的城市为对象，对比分析了这些城市商贸流通的电子商务业竞争力。汪怡、刘晓云（2014）基于商业生态视角，构建了电子商务服务平台竞争力评价的指标体系，运用群组 AHP 分析法确定各指标的权重，采用模糊综合评价方法制定了一个 B2C 电子商务平台竞争力的综合评价模型。杨坚争、郑碧霞（2014）运用因子分析法构建了跨境电子商务评价的指标体系，归纳出法律、支付信用、国际市场环境、电子通关、物流五个因素对跨境电子商务的发展有重要影响作用。

从各类文献中我们可以发现，影响电子商务竞争力的因素多与大数据应用息息相关。在本书第六章我们将会重点研究“大数据”应用与电子商务企业竞争力之间的关系，选择与大数据相关的几个关键因素来分析其是如何影响电子商务的竞争力的。现有研究还存在以下两个方面局限性：一方面，尽管现有文献从各方面研究了影响电子商务业竞争力的因素，但多数停留在定性分析的层面；另一方面，现有文献多停留在特定的微观、中观层面，很少有文献从宏观层面的定量考察国家电子商务业领域竞争力。

在全球掀起的电子商务产业热潮中，我国已经在国际电子商务市场中占据了可观的一席之地。当前，电子商务业内竞争越来越激烈，如何找到影响我国电子商务竞争力的主要因素并且有针对性地提高我国电子商务竞争力具有重要的现实意义。本实证研究的创新之处首先主要体现在研究样本的创新上。电子商务是近年来兴起的新兴产业，因此对于电子商务行业的数据统计存在一定的滞后乃至缺失。现有的电子商务竞争力分析多数集中在定性分析领域，仅有少数学者运用现有的电子商务数据对其进行定量化分析。而本章节通过多方数据收集，运用钻石模型、实证检验定量化分析了电子商务竞争力影响因素。这是本实证研究的主要创新之处。其次是研究视野的创新。本章节从宏观现状分析到微观代表性电子商务企业探析两条路径全面地探析了电子商务竞争力的主要影响因素，并且基于此给出了政策建议。

然而，鉴于电子商务数据较难获得，并且不同资料来源采集的数据差异较大，因此少有学者通过定量分析的方法来进行电子商务竞争力研究。这虽然是本章节一大突破点，但定量的部分还稍显薄弱，主要体现在受到数据可得性限制，在进行宏观电子商务行业竞争力实证研究的时候，只能取得半年度数据，数据样本较少，实证结果容易出现偏差。另外，在实证假设之时，部分解释变量无法用单一指标度量，例如相关产业发展状况、基础设施建设情况等。由于基础数据缺乏而导致实证结果受到影响。

二、变量选取及模型构建

（一）变量选取

基于以上以国内外学者研究理论为基础，考虑到模型的拟合效果、数据可获得性、计量模型的运用条件等因素，选取了以下被解释变量与解释变量，如表 3-11 所示。

表 3-11　　**变量选取表**

变量	指标选取	资料来源	衡量意义	理论支持
被解释变量	网络购物总额（WS）	Wind 资讯	B2C 竞争力	
解释变量	互联网普及率（HLW）	世界银行	网络信息可获得性	Barney，1991；Mudambi，2004；Singh and Kundu，2002

续表

变量	指标选取	资料来源	衡量意义	理论支持
解释变量	社会消费总额（XF）	Wind 资讯	商业环境、需求导向	Haseba Hamad，Ibrahim Elbeltagi，2015
解释变量	计算机等电子信息业投资额（TZ）	Wind 资讯	信息技术、社会资本投资	Dutta，1997；Rayport and Jaworski，2001；Singh and Kundu，2002
解释变量	快递业务收入（WL）	Wind 资讯	基础设施建设	James Agarwal，Terry Wu，2015

（二）样本数据描述性统计

本实证研究选取的时间区间是 2008 年 3 月至 2014 年 12 月，数据频率为季度。资料来源主要为世界银行及 Wind 资讯数据库。为减少异方差问题，笔者对所有变量取了自然对数。表 3-12 为变量描述性统计。

表 3-12　**变量描述性统计**

变量	样本量	平均值	标准差	最小值	最大值
WS	28	2680. 44	2376. 73	237. 40	9503. 60
HLW	28	14094. 46	4238. 40	7146. 80	20048. 30
WL	28	241. 50	144. 50	96. 70	635. 50
TZ	28	2879. 70	2065. 45	365. 96	7951. 65
XF	28	15528. 05	4801. 01	8123. 20	25801. 31

（三）模型构建

实证模型初步设定为：

$$\ln WS_t = a_0 + a_1 \ln HLW_t + a_2 \ln WL_t + a_3 \ln TZ_t + a_4 \ln XF_t + u_t$$

其中，WS_t、HLW_t、WL_t、TZ_t、XF_t分别表示第 t 期我国网络

购物总额、互联网普及率、快递业务收入总额、计算机等电子信息业投资额、社会消费总额，u_t 代表误差项。

网络购物总额（WS）作为被解释变量，衡量我国 B2C 电子商务竞争力。网络购物总额越高，则代表 B2C 电子商务业竞争力越强。

互联网普及率（HLW）用于衡量网络可获得性。网络普及率越高，则可使用网络进行购物的居民越多。因此我们有理由做出如下假设：

H3-1：互联网普及率的升高将有助于提升 B2C 电子商务业竞争力。

社会消费总额（XF）用于衡量 B2C 电子商务的商业环境以及需求导向，可直观地反映国内居民对商品的市场需求以及其消费能力。国内市场的需求量越大、国内居民消费能力越强，B2C 电子商务业发展的潜力就越大。因此我们有理由做出如下假设：

H3-2：社会消费总额的升高意味着 B2C 电子商务产业更大的竞争力及发展潜力。

计算机等电子信息业投资额（TZ）用于衡量信息技术发展及社会资本投资。由于信息技术投资对 B2C 电子商务业影响受到投资建设周期等影响，所以该项变量对网络购物总额的影响系数符号不确定。我们暂且提出如下假设：

H3-3：计算机等电子信息相关产业社会投资额的升高将有助于 B2C 电子商务业的发展。

快递业务收入（WL）可代表物流产业发展状况，用于衡量相关支持产业的发展与基础设施建设。一般来说，相关产业越发达，则产业竞争力越强。因此我们有理由做出如下假设：

H3-4：B2C 相关产业的发展状况将同步影响 B2C 电子商务业的竞争力。

三、中国 B2C 电子商务业竞争力实证研究

（一）Philips-Perron 检验

为了保证时间序列中变量的平稳性，排除产生“伪回归”的

现象，我们对各时间序列变量进行了 Philips-Perron 检验（简称 PP 检验），检验结果如表 3-13 所示。

表 3-13 **各变量平稳性检验**

变量	检验形式 (c, t, q)	PP 统计量	1%临界值	5%临界值	10%临界值	结论
lnWS	(c, 0, 0)	4.654788	−2.6534	−1.95386	−1.60957	不平稳
ΔlnWS	(c, 0, 0)	−8.30083	−3.71146	−2.98104	−2.62991	平稳
LnXF	(c, 0, 0)	2.243553	−2.6534	−1.95386	−1.60957	不平稳
ΔlnXF	(c, 0, 0)	−6.62872	−3.71146	−2.98104	−2.62991	平稳
lnHLW	(c, 0, 0)	9.462344	−2.6534	−1.95386	−1.60957	不平稳
ΔlnHLW	(c, 1, 0)	−4.81836	−4.35607	−3.59503	−3.23346	平稳
lnWL	(c, 0, 0)	0.410191	−2.6534	−1.95386	−1.60957	不平稳
ΔlnWL	(c, 0, 0)	−7.03071	−3.71146	−2.98104	−2.62991	平稳
lnTZ	(c, 0, 0)	0.225921	−2.6534	−1.95386	−1.60957	不平稳
ΔlnTZ	(c, 0, 0)	−7.16245	−3.71146	−2.98104	−2.62991	平稳

注：Δ 表示一阶差分，检验形式（c，t，q）中分别表示单位根检验方程的常数项、时间趋势项和带宽。

检验结果表明，样本各变量的时间序列都是一阶单整序列，即各变量经过一阶差序列已经平稳，满足协整检验的条件。

（二）协整检验和 Granger 因果关系检验

本章采用 Eagle-Granger（EG）两步法对被解释变量和四个解释变量之间的协整关系进行检验，然后运用 Granger 因果关系检验法分析各变量是否为网络购物总额增长的 Granger 原因。

1. 网络购物总额 lnWS 和社会消费总额 lnXF

运用 EG 两步法进行协整检验，OLS 方法回归结果如下：

$$\ln WS = -23.26902 + 3.197986\ \ln XF$$
$$t = \quad (-25.62167) \qquad (33.82523)$$
$$P = \quad (0.000) \qquad (0.000)$$
$$F = 1144.146,\ \text{Adjusted } R^2 = 0.976926$$

对上述模型的残差采用进行 PP 单位根检验，结果如表 3-14 所示。

表 3-14

变量	检验形式	PP 统计量	1%临界值	5%临界值	10%临界值	结论
	(c，t，q)					
resid-XF	(0，0，0)	-4.80499	-2.6534	-1.95386	-1.60957	平稳

残差序列是平稳的，这说明两个变量是协整的，说明网络购物总额和社会消费品零售额之间存在长的均衡关系。

之后我们对两个变量做 Granger 因果关系检验，滞后阶数选择 2，结果如表 3-15 所示。

表 3-15

Null Hypothesis:	Obs	F-Statistic	Prob.
lnWS does not Granger Cause lnXF	26	16.4234	0.00005
lnXF does not Granger Cause lnWS		2.83193	0.0815

结果显示，在 10% 显著水平下，两个原假设均被拒绝，因此社会消费总额的变动与网络购物总额的变动互为 Granger 原因。

2. 网络购物总额 lnWS 和互联网普及率 lnHLW

运用 EG 两步法进行协整检验，OLS 方法回归结果如下：

$$\ln WS = -22.38135 + 3.137351\ \ln HLW$$
$$t = \quad (-25.65945) \qquad (34.20154)$$
$$P = \quad (0.000) \qquad (0.000)$$
$$F = 1169.745,\ \text{Adjusted } R^2 = 0.97742$$

对上述模型的残差采用进行 PP 单位根检验，结果如表 3-16 所示。

表 3-16

变量	检验形式 (c, t, q)	PP 统计量	1%临界值	5%临界值	10%临界值	结论
resid-HLW	(0, 0, 0)	-2.30347	-2.6534	-1.95386	-1.60957	平稳

残差序列是平稳的，这说明两个变量是协整的，说明网络购物总额和互联网普及率之间存在长的均衡关系。

之后我们对两个变量做 Granger 因果关系检验，滞后阶数选择 2，结果如表 3-17 所示。

表 3-17

Null Hypothesis:	Obs	*F*-Statistic	Prob.
lnHLW does not Granger Cause lnWS	26	0.16587	0.8483
lnWS does not Granger Cause lnHLW		0.57054	0.5737

结果显示，在 10% 显著水平下，两个原假设均不被拒绝，即互联网普及率的变动与网络购物总额的变动不互为 Granger 原因。

3. 网络购物总额 lnWS 和快递收入总额 lnWL

用 EG 两步法进行协整检验，OLS 方法回归结果如下：

$$\ln WS = -2.096612 + 1.790074 \ln WL$$

$$t = \quad (-4.465401) \qquad (20.40949)$$

$$P = \quad (0.0001) \qquad (0.000)$$

$$F = 416.5473,\ \text{Adjusted } R^2 = 0.93899$$

对上述模型的残差采用进行 PP 单位根检验，结果如表 3-18 所示。

表 3-18

变量	检验形式 (c, t, q)	PP 统计量	1%临界值	5%临界值	10%临界值	结论
resid-WL	(0, 0, 0)	-2.38264	-2.6534	-1.95386	-1.60957	平稳

残差序列是平稳的，这说明两个变量是协整的，说明网络购物总额和快递收入总额之间存在长的均衡关系。

之后我们对两个变量做 Granger 因果关系检验，滞后阶数选择 2，结果如表 3-19 所示。

表 3-19

Null Hypothesis:	Obs	F-Statistic	Prob.
lnWL does not Granger Cause lnWS	26	0.71202	0.5021
lnWS does not Granger Cause lnWL		4.02128	0.0332

结果显示，在 10% 显著水平下，两个原假设均被拒绝，因此网络购物总额的变动与快递收入总额的变动互为 Granger 原因。

4. 网络购物总额 lnWS 和计算机等电子信息业投资额 lnTZ

用 EG 两步法进行协整检验，OLS 方法回归结果如下：

$$
\begin{aligned}
&\ln WS = 1.050476 + 0.833344\ \ln TZ \\
&t = \quad (0.774277)\ (4.733156) \\
&P = \quad (0.4458) \qquad (0.0001) \\
&F = 22.40276,\ \text{Adjusted } R^2 = 0.476379
\end{aligned}
$$

对上述模型的残差采用进行 PP 单位根检验，结果如表 3-20 所示。

表 3-20

变量	检验形式 (c, t, q)	PP 统计量	1%临界值	5%临界值	10%临界值	结论
resid-TZ	(0, 0, 0)	-2.59584	-2.6534	-1.95386	-1.60957	平稳

残差序列是平稳的，这说明两个变量是协整的，说明网络购物总额和计算机等电子信息业投资额之间存在长的均衡关系。

之后我们对两个变量做 Granger 因果关系检验，滞后阶数选择 2，结果如表 3-21 所示。

表 3-21

Null Hypothesis:	Obs	*F*-Statistic	Prob.
lnTZ does not Granger Cause lnWS	26	2.61395	0.0969
lnWS does not Granger Cause lnTZ		19.6231	0.00002

结果显示，在 10% 显著水平下，两个原假设均被拒绝，因此网络购物总额的变动与计算机等电子信息业投资额的变动互为 Granger 原因。

5. 回归模型协整检验

对整体回归模型进行估计并对残差进行单位根检验，以确定研究网络购物总额和各个变量总体之间是否存在协整关系。采用 OLS 方法，得出回归结果如下：

$\ln WS = -21.629 + 1.106\ \ln HLW + 0.245\ \ln WL - 0.0920\ \ln TZ + 1.869\ \ln XF$

$t =$ (−12.25855) (3.454299) (1.939118) (−1.983753) (3.677336)

$P =$ (0.000) (0.0022) (0.0649) (0.0593) (0.0012)

$F = 1014.856$，Adjusted $R^2 = 0.993386$

由结果可知，回归模型的拟合效果很好。

对上述模型的残差序列 resid-all 进行 PP 检验，结果如表 3-22 所示。

表 3-22

变量	检验形式 (c, t, q)	PP 统计量	1%临界值	5%临界值	10%临界值	结论
resid-all	(0, 0, 0)	-3.62161	-2.6534	-1.95386	-1.60957	平稳

残差序列是平稳的，这说明 lnWS、lnHLW、lnWL、lnTZ、lnXF 之间存在协整关系，即存在长期均衡关系。

由回归结果可以看出，互联网普及率、社会消费总额及快递收入对网络购物总额存在正向影响。从长期来看，互联网普及率及社会消费总额对网络购物总额影响较大。其每增加 1%，网络购物总额分别增加 1.106%、1.869%。用于衡量物流业发展的指标——快递业务收入则对网络购物总额影响较小，但依然对 B2C 电子商务竞争力有积极影响。然而，计算机等电子信息业投资额对网络购物总额存在负面影响，其结果与原假设 H3-3 相悖，我们推测，可能是由于投资建设周期影响导致社会投资对其 B2C 电子商务业影响短期内具有不确定性。

四、修正模型

建立误差修正模型以研究解释变量的短期变动对网络购物总额的影响。各变量之间存在协整关系，采用 OLS 方法，得出误差修正模型如下：

$\Delta lnWS = -0.053 + 2.08\Delta lnHLW + 0.87\Delta lnWL - 0.09\Delta lnTZ + 1.35\Delta lnXF - 0.65027ECM_{t-1}$

$t=$ (-1.150493) (2.48503) (2.949359) (-2.497276) (4.030204) (-3.529936)

$P=$ (0.2629) (0.0215) (0.0077) (0.0209) (0.0006) (0.002)

$F = 17.57471$, Adjusted $R^2 = 0.761191$

模型通过显著性检验，其中变量符号与长期均衡关系的符号保持一致。误差修正系数为负，符合反向修正机制。该模型反映了网络购物总额受各变量影响的短期波动规律。

由回归结果可以看出，互联网普及率、社会消费总额及快递收入对网络购物总额存在正向影响。从短期来看，互联网普及率及社会消费总额对网络购物总额影响较大。其每增加 1%，网络购物总额分别增加 2.08%、1.35%。用于衡量物流业发展的指标——快递业务收入则对网络购物总额影响较小，其每增加 1%，网络购物总额增加 0.87% 。计算机等电子信息业投资额对网络购物总额存在负影响。此外，误差修正系数是显著的，且小于 0，为-0.65，该系数值说明，上期误差对网络购物总额的档期波动单位调整比例为-0.65。由于误差修正项的系数绝对值的倒数为 1.538，可知短期波动调整到长期均衡的周期约为 1.5 年，被反向扭转修正。

第三节 大数据背景下中国电子商务业竞争力实证研究

一、大数据时代

什么是“大数据”？Danah Boyd 和 Kate Crawford（2012）将“大数据”定义为一种文化的、科技的和学术的现象，包括科技、分析和方法论在内的三大板块。大数据除了是一种文化现象，更多的还是一整套科技与社会发展的方法论，数据库只是 Boyd 和 Crawford 所指的科技板块的内容。Edd Dumbill（2012）认为大数据是超过常规数据库系统处理能力的数据。Davenport（2012）探讨了电子商务环境中的“大数据”，即电子商务环境中的大量交易、点击流、语音和视频数据。大多数学者认可 McAfee Brynjolfsson（2012）的观点，即大数据具有 4V 特征：数据量（大数据量）、速度（实时数据流）、多样性（不同数据格式）和真实性（数据不确定性）。

Raphael Amit（2000）认为电子商务企业的价值创造主要体现在四个方面：新颖性、锁定性、互补性和效率。然而，电子商务的价值创造在大数据时代则发生了改变。显然，大数据分析应用已经成为电子商务行业提高业务流程效率的核心竞争力。例如，阿里巴巴在2007年成立了自己的数据研究组织——阿里巴巴集团研究中心。该组织将这些原始大数据变成有效的业务信息，大数据对它们的战略决策过程起着非常重要的作用。亚马逊比以往任何时候都能更快地管理新产品、供应商、客户等就是得益于大数据系统的应用（Davenprot，2006）。领先的电子商务公司必须有能力收集数据，并将这些数据转化为真正的商业行为。

二、变量的选取及模型构建

（一）变量的选取

国内外学者对影响电子商务竞争力的因素做了许多定性分析，本章基于前人的理论研究模型，考虑到模型的拟合效果、数据可获得性、计量模型的运用条件等因素，选取了以下被解释变量与解释变量，以图探究大数据时代的到来对我国电子商务竞争力的影响，并进行量化分析。详情如表3-23所示。

表3-23　　　　**变量选取表**

变量	指标选取	资料来源	衡量意义	理论支持
被解释变量	电子商务总额（Y）	艾瑞资讯	电子商务竞争力	
解释变量	互联网普及率（Internet）	世界银行	网络信息可获得性	Barney，1991；Mudambi，2004；Singh，Kundu，2002；
解释变量	第三方电子支付总额（Payment）	Wind资讯	大数据应用	Zwass，1996；Dutta，1997；Oxley，Yeung，2001
解释变量	网络安全（Safe）	Wind资讯	大数据安全保障	Rong-Ruey Duh，Karim Jamal，2001
解释变量	软件行业收入（Software）	Wind资讯	互联网创新	Ángel，Ignacio，2008

续表

变量	指标选取	资料来源	衡量意义	理论支持
解释变量	快递业务总量(Logistics)	Wind 资讯	物流业发展状况	James Agarwal, Terry Wu, 2015

（二）模型构建

实证模型初步设定为：

$\ln Y = a_0 + a_1 \ln Internet + a_2 \ln Logistics + a_3 \ln Payment + a_4 \ln Safe + a_5 \ln Software + U_t$

其中，Y、Internet、Logistics、Payment 、Safe、Software 分别表示我国电子商务总额、互联网普及率、快递业务总量、第三方电子支付总额、网络安全、软件行业收入，a_0 代表常数项，u_t 代表误差项。

电子商务总额作为被解释变量，衡量我国 B2C 电子商务竞争力。电子商务总额越高，则代表我国电子商务竞争力越强。

互联网普及率用于衡量网络可获得性。网络普及率越高，居民对网络信息的可获得性也越高，这也是大数据应用的基础。因此我们有理由做出如下假设：

H3-5：互联网普及率的升高将有助于推动大数据系统的发展，并且提升电子商务竞争力。

快递业务总量用于衡量物流业发展状况，物流业是电子商务相关支持产业，并且也是主要得益于大数据推动的行业之一。一般来说，相关产业越发达，则产业竞争力越强。因此我们有理由做出如下假设：

H3-6：电子商务相关产业的发展将同步影响电子商务竞争力。

第三方电子支付用以衡量金融大数据的应用。第三方电子支付主要被运用于 B2C 环节的支付，它的发展大大推动了网络购物的便利性。因此我们提出如下假设：

H3-7：第三方电子支付的发展有益于提高电子商务竞争力。

网络安全用以衡量电子商务以及大数据安全保障。网络安全保障越高，电子商务购物人群信任度就越高，有助于扩大电子商务使用群体。网络安全也是大数据应用基础保障。我们暂且提出如下假设：

H3-8：网络安全升高将有助于电子商务行业的发展。

软件行业收入代表软件行业的发展状况，用于衡量互联网创新、相关支持产业的发展与基础设施建设。电子商务在一定程度上依托于软件行业的发展，比如说电子商务平台构建、支付平台构建等。因此我们有理由做出如下假设：

H3-9：电子商务相关产业的发展状况将同步影响电子商务竞争力。

三、中国电子商务竞争力的实证比较

（一）ADF 检验

本章选取样本的时间区间为 2010 年 1 月至 2015 年 12 月，数据频率为季度。资料来源主要为世界银行及 Wind 资讯数据库，数据可靠性得以保证。为减少异方差问题，笔者对所有变量取了自然对数。为了保证时间序列中变量的平稳性，排除产生“伪回归”的现象，我们对各时间序列变量进行了 ADF 检验，检验结果如表 3-24 所示。

表 3-24　　**各变量平稳性检验**

variables	test type (c,t,q)	ADF test statistic	1% critical value	5% critical value	10% critical value	conclusion
lnY	(c,0,0)	3. 4703	−2. 6607	−1. 9550	−1. 6091	not stationary
ΔlnY	(c,t,1)	−8. 2123	−4. 3943	−3. 6122	−3. 2431	stationary
lnInternet	(c,0,0)	1. 8443	−2. 6607	−1. 9550	−1. 6091	not stationary
ΔlnInternet	(c,0,1)	−2. 9528	−2. 6649	−1. 9557	−1. 6088	stationary
lnInvestment	(c,0,0)	−0. 2060	−2. 6607	−1. 9550	−1. 6091	not stationary
ΔlnInvestment	(c,0,1)	−5. 8120	−2. 6694	−1. 9564	−1. 6085	stationary

续表

variables	test type (c,t,q)	ADF test statistic	1% critical value	5% critical value	10% critical value	conclusion
lnLogistics	(c,0,0)	4.1398	−2.6607	−1.9550	−1.6091	not stationary
ΔlnLogistics	(c,0,1)	−3.8497	−2.6694	−1.9564	−1.6085	stationary
lnPayment	(c,0,0)	6.3790	−2.6607	−1.9550	−1.6091	not stationary
ΔlnPayment	(c,t,1)	−4.2159	−4.4163	−3.6220	−3.2486	stationary
lnSafe	(c,0,0)	5.5801	−2.6607	−1.9550	−1.6091	not stationary
ΔlnSafe	(c,0,1)	−2.4963	−2.6694	−1.9564	−1.6085	stationary
lnSoftware	(c,0,0)	0.2414	−2.6607	−1.9550	−1.6091	not stationary
ΔlnSoftware	(c,0,1)	−6.0161	−2.6694	−1.9564	−1.6085	stationary

注：Δ 表示一阶差分，检验形式（c，t，q）中分别表示单位根检验方程的常数项、时间趋势项和带宽。

检验结果表明，样本各变量的时间序列都是一阶单整序列，即各变量经过一阶差序列已经平稳，满足协整检验的条件。

（二）协整检验和 Granger 因果关系检验

本章采用 Eagle-Granger（EG）两步法对被解释变量和五个解释变量之间的协整关系进行检验，然后运用 Granger 因果关系检验法分析各变量是否为电子商务总额增长的 Granger 原因。

1. 电子商务总额 lnY 和互联网普及率 lnInternet

运用 EG 两步法进行协整检验，OLS 方法回归结果如下：

$$\begin{aligned} &\ln Y = -0.79019 + 2.90206\ \ln Internet \\ &t = \quad (-1.96812) \qquad (27.04008) \\ &P = \quad (0.061) \qquad (0.000) \\ &F = 731.1662,\ \text{Adjusted } R^2 = 0.966895 \end{aligned}$$

对上述模型的残差采用进行 ADF 单位根检验，结果如表 3-25 所示。

表 3-25

变量	检验形式 (c, t, q)	ADF 统计量	1%临界值	5%临界值	10%临界值	结论
resid-XF	(0, 0, 0)	-2.95986	-2.66072	-1.95502	-1.60907	平稳

残差序列是平稳的，这说明两个变量是协整的，说明电子商务总额和互联网普及率之间存在长的均衡关系。

之后我们对两个变量做 Granger 因果关系检验，滞后阶数选择 2 ，结果如表 3-26 所示。

表 3-26

Null Hypothesis	Obs	F-Statistic	Prob.
lnInternet does not Granger Cause lnY	25	6.00067	0.0227
lnY does not Granger Cause lnInternet		0.23748	0.6309

结果显示，在 10%的显著水平下，我们拒绝“互联网渗透率不是电子商务总额的 Granger 原因”假设，但不拒绝“电子商务不是互联网渗透率的 Granger 原因”。Granger 因果关系结果表明互联网普及率的增长导致电子商务总额增长。

2. 电子商务总额 lnY 和快递业务总量 lnLogistics

运用 EG 两步法进行协整检验，OLS 方法回归结果如下：

$$\ln Y = 6.417380 + 0.760548 \ln Logistics$$

$$t = \quad (43.02016) \qquad (75.27394)$$

$$P = \quad (0.000) \qquad (0.000)$$

$$F = 1850.734, \text{ Adjusted } R^2 = 0.987198$$

对上述模型的残差采用进行 ADF 单位根检验，结果如表 3-27 所示。

表 3-27

变量	检验形式 (c, t, q)	ADF 统计量	1%临界值	5%临界值	10%临界值	结论
resid-HLW	(0, 0, 0)	-3.619833	-2.66072	-1.95502	-1.60907	平稳

残差序列是平稳的，这说明两个变量是协整的，说明电子商务总额和快递业务总量之间存在长的均衡关系。

之后我们对两个变量做 Granger 因果关系检验，滞后阶数选择2，结果如表 3-28 所示。

表 3-28

Null Hypothesis	Obs	*F*-Statistic	Prob.
lnLogistics does not Granger Cause lnY	25	0.03997	0.9609
lnY does not Granger Cause lnLogistics		0.11475	0.8922

结果显示，在 10% 显著水平下，两个原假设均不被拒绝，即互联网普及率的变动与快递业务总量不互为 Granger 原因。

3. 电子商务总额 lnY 和第三方电子支付总额 lnPayment

用 EG 两步法进行协整检验，OLS 方法回归结果如下：

$$\ln Y = 5.454163 + 0.494492 \ln Payment$$
$$t = (38.14416) \quad (32.34409)$$
$$P = (0.000) \quad (0.000)$$
$$F = 1046.140,\ \text{Adjusted } R^2 = 0.977573$$

对上述模型的残差采用进行 ADF 单位根检验，结果如表 3-29 所示。

表 3-29

变量	检验形式 (c, t, q)	ADF 统计量	1%临界值	5%临界值	10%临界值	结论
resid-WL	(0, 0, 0)	-3.123225	-2.66072	-1.95502	-1.60907	平稳

残差序列是平稳的，这说明两个变量是协整的，说明电子商务总额和第三方电子支付总额之间存在长的均衡关系。

之后我们对两个变量做 Granger 因果关系检验，滞后阶数选择 2，结果如表 3-30 所示。

表 3-30

Null Hypothesis	Obs	F-Statistic	Prob.
lnPayment does not Granger Cause lnY	25	4. 30569	0. 0499
lnY does not Granger Cause lnPayment		0. 17571	0. 6791

结果显示，在 10% 显著水平下，我们拒绝“电子支付不是电子商务总额的 Granger 原因”的假设，但不拒绝“电子商务不是电子支付的 Granger 原因”。Granger 因果关系的结果表明，电子支付的增长是导致电子商务总额增长的 Granger 原因。

4. 电子商务总额 lnY 和网络安全 lnSafe

用 EG 两步法进行协整检验，OLS 方法回归结果如下：

$$\ln Y = 4.303820 + 0.497711 \ln Safe$$
$$t = (14.74426) \quad (19.76776)$$
$$P = (0.000) \quad (0.000)$$
$$F = 731.1662, \ \text{Adjusted } R^2 = 0.966895$$

对上述模型的残差采用进行 ADF 单位根检验，结果如表 3-31 所示。

表 3-31

变量	检验形式 (c, t, q)	ADF 统计量	1%临界值	5%临界值	10%临界值	结论
resid-TZ	(0, 0, 0)	−2. 955965	−2. 66072	−1. 95502	−1. 60907	平稳

残差序列是平稳的，这说明两个变量是协整的，说明电子商务

总额和网络安全之间存在长的均衡关系。

之后我们对两个变量做 Granger 因果关系检验，滞后阶数选择 2，结果如表 3-32 所示。

表 3-32

Null Hypothesis	Obs	*F*-Statistic	Prob.
lnSafe does not Granger Cause lnY	25	1.72941	0.2020
lnY does not Granger Cause lnSafe		12.1472	0.0021

结果显示，在 10% 显著水平下，我们拒绝“电子商务总额不是网络安全的 Graner 原因”假设，但不拒绝“网络安全不是电子商务总额的 Granger 原因”。Granger 因果关系的结果表明电子商务总额的增长是导致网络安全性增强的 Granger 原因。

5. 电子商务总额 lnY 和软件业收入 lnSoftware

用 EG 两步法进行协整检验，OLS 方法回归结果如下：

$$\ln Y = 5.935999 + 0.434530\ \ln Software$$

$$t = \quad (6.689334) \qquad (4.657498)$$

$$P = \quad (0.000) \qquad (0.000)$$

$$F = 21.69229,\ \text{Adjusted } R^2 = 0.452862$$

对上述模型的残差采用进行 ADF 单位根检验，结果如表 3-33 所示。

表 3-33

变量	检验形式 (c, t, q)	ADF 统计量	1%临界值	5%临界值	10%临界值	结论
resid-TZ	(0, 0, 0)	−2.475615	−2.66072	−1.95502	−1.60907	平稳

残差序列是平稳的，这说明两个变量是协整的，说明电子商务总额和软件业收入之间存在长的均衡关系。

之后我们对两个变量做 Granger 因果关系检验，滞后阶数选择 2，结果如表 3-34 所示。

表 3-34

Null Hypothesis	Obs	F-Statistic	Prob.
LNTZ does not Granger Cause LNWS	26	2. 61395	0. 0969
LNWS does not Granger Cause LNTZ		19. 6231	0. 00002

结果显示，在 10% 显著水平下，两个原假设均被拒绝，因此电子商务总额的变动与软件行业收入变动互为 Granger 原因。

6. 回归模型协整检验

对整体回归模型进行估计并对残差进行单位根检验，以确定研究电子商务总额和各个变量总体之间是否存在协整关系。采用 OLS 方法，得出回归结果如下：

$\ln Y = 4.174 + 0.667\ln Internet + 0.669\ln Logistics - 0.238\ln Payment + 0.178\ln Safe + 0.037\ln Software$

$t =$ (6. 113)　(1. 972)　(8. 870)　(−2. 505)　(2. 587)　(3. 554)

$P =$ (0. 000)　(0. 063)　(0. 000)　(0. 021)　(0. 018)　(0. 002)

$F = 1351.907$, Adjusted $R^2 = 0.997$, DW $= 2.011$

由结果可知，回归模型的拟合效果很好。

对上述模型的残差序列 resid−all 进行 ADF 检验，结果如表 3-35 所示。

表 3-35

变量	检验形式 (c, t, q)	ADF 统计量	1%临界值	5%临界值	10%临界值	结论
resid-all	(0, 0, 0)	−5. 017194	−2. 66072	−1. 95502	−1. 60907	平稳

残差序列是平稳的，这说明 lnY、lnInternet、lnLogistics、lnPayment、lnSafe 和 lnSoftware 之间存在协整关系，即存在长期均衡关系。

由回归结果可以看出，互联网普及率、物流系统发达程度、网络安全性、软件行业发展程度均对电子商务总额有正向影响。从长期来看，互联网普及率以及物流业发展程度对电子商务总额影响较大，其每增加1%，电子商务总额分别增加0.667%、0.669%。软件行业发展程度和网络安全性则对电子商务总额影响较小，但依然对其有积极影响。

值得注意的是，第三方电子支付对电子商务总额存在负面影响，其与原假设相悖。我们推测，可能是由于第三方电子支付多用于电子商务中 B2C 环节，而电子商务中大部分市场份额为 B2B 环节，我们有理由怀疑 B2C 与 B2B 环节之间的排斥效应大于协同效应，B2C 环节过渡发展影响了电子商务链中中间经济主体利益，对 B2B 环节造成一定负面影响，进而影响电子商务总额。

四、修正模型

建立误差修正模型以研究解释变量的短期变动对电子商务总额的影响。各变量之间存在协整关系，采用 OLS 方法，得出误差修正模型如下：

$$\Delta \ln Y = 0.010 + 0.978\Delta \ln Internet + 0.639\Delta \ln Logistics - 0.275\Delta \ln Payment + 0.101\Delta \ln Safe + 0.041\Delta \ln Software - 1.101ECM$$

$t=$ (0.609) (0.962) (7.567) (−2.860) (0.959) (4.990) (−4.578)

$P=$ (0.550) (0.349) (0.000) (0.010) (0.351) (0.000) (0.000)

$F=34.972$，Adjusted $R^2=0.921$，DW$=2.057$

模型通过显著性检验，其中变量符号与长期均衡关系的符号保持一致。误差修正系数为负，符合反向修正机制。该模型反映了电子商务总额受各变量影响的短期波动规律。

由回归结果可以看出，互联网普及率、社会消费总额及快递收入对电子商务总额存在正向影响。从短期来看，互联网普及率对电子商务总额影响较大，其每增加 1%，电子商务总额分别增加 0.978%。此外，误差修正系数是显著的，且小于 0，为-1.101。该系数值说明，上期误差对电子商务总额的档期波动单位调整比例为-1.101。由于误差修正项的系数绝对值的倒数为 0.908，可知短期波动调整到长期均衡的周期约为 0.91 年，被反向扭转修正。

五、结论

大数据的发展对电子商务竞争力的提升是不可否认的。新一代信息技术在电子商务中的应用产生了消费、生产、物流、金融等多方面的大数据，从不同领域推进数据融合新增值服务模式。然而，机遇与挑战并存，例如共享数据的困难、处理低质量的数据和数据的安全性等问题均有待解决。基于此，我们提出了如下建议：一是加快突破关键技术创新，在公司与大学和企业研发推进关键算法和技术。针对大数据的使用和研究，培训电子商务专业人员。二是加强大数据网络安全体系建设。数据保护、个人隐私和数据使用权是本系统的三个重要组成部分，应出台相关保护法。三是协调推进大数据应用，支持和鼓励相关行业开展物流行业的数据应用。四是加强大数据基础设施建设。大数据的采集依赖于大量无限通信设备作为支撑，以及众多信息点及时获取和传递有效数据，基础设施的完善是大数据产业高速发展的重要保障。

总而言之，全力推进大数据产业与电子商务业的融合将对提升我国电子商务业竞争力起到巨大推动作用。

第四节　提升我国电子商务业竞争力的对策与建议

一、电子商务业发展存在的问题

电子商务业在我国的高速发展也伴随着许多问题相继而生，以下简单罗列了几个主要限制电子商务业健康稳步发展的问题。

（一）电子商务业的不均衡发展

一方面，电子商务业的不均衡发展体现在地区差异上。江浙等沿海城市的电子商务业较为发达，而西部以及农村地区由于文化观念、硬件配套设施的原因电子商务业发展较为落后，其电子商务业发展完全不能和沿海地区相提并论。久而久之，相关资源、政策就全部朝电子商务业发达地区聚集，而偏远地区的发展则越发缓慢，地区发展差距会越来越大。相反的，那些偏远地区更需要电子商务去调节国民经济运行的质量和效率，优化区域资源配置。

另一方面，电子商务业的不均衡发展体现为行业不均衡。表3-36为各行业有电子商务交易活动企业占比。以2015年数据来看，住宿和餐饮业，文化、体育和娱乐业，信息传输、软件和信息技术服务业三大行业都有四分之一以上企业存在电子商务交易活动，水利、环境和公共设施管理业以及制造业则有十分之一以上企业存在电子商务交易活动，其他行业企业存在电子商务交易活动的则相对较少。当然，这可能与行业性质有关。表3-37为各行业电子商务交易额。依然以2015年数据为基准，制造业、批发和零售业电子商务交易额远远高于其他行业，排名第二的批发和零售业电子商务交易额是排名第三的信息传输、软件和信息技术服务业电子商务交易额的近5倍。对比表3-37，批发和零售业中存在电子商务活动的企业占比仅有8.95%，这说明批发和零售业的电子商务交易活动需求量大，且集中在少部分电子商务先行的企业。在批发和零售行业，电子商务普及率并不高，具有很大的可发展潜力。而住宿和餐饮业，文化、体育和娱乐业虽然有电子商务交易活动的企业占比率高，可其交易额排名却靠后。2015年住宿和餐饮业电子商务交易额为436.75亿元，排名第七；文化、体育和娱乐业电子商务交易额为202.66亿元，排名第八。

表 3-36 各行业有电子商务交易活动企业占比（%）

	2015 年	2014 年	2013 年
住宿和餐饮业	30.82	24.40	8.93
文化、体育和娱乐业	25.32	20.12	12.72
信息传输、软件和信息技术服务业	25.05	18.86	14.03
水利、环境和公共设施管理业	13.36	10.31	6.98
制造业	10.20	8.62	7.23
租赁和商务服务业	9.51	6.43	4.84
批发和零售业	8.95	6.19	4.01
科学研究和技术服务业	8.49	4.66	3.58
卫生和社会工作	7.83	4.08	3.29
居民服务、修理和其他服务业	7.64	4.66	3.17
教育	6.30	3.31	2.59
交通运输、仓储和邮政业	5.81	3.98	3.25
电力、热力、燃气及水生产和供应业	5.61	3.18	2.24
房地产业	4.14	1.58	1.27
建筑业	4.08	2.46	2.70
采矿业	2.18	1.15	1.11

资料来源：国家统计局。

表 3-37 各行业电子商务交易额（亿元）

	2015 年	2014 年	2013 年
制造业	38715.00	40314.37	31358.17
批发和零售业	37858.99	27651.50	17365.25
信息传输、软件和信息技术服务业	7829.56	5750.28	1883.79
交通运输、仓储和邮政业	3275.02	2941.56	1963.47
租赁和商务服务业	2345.38	2068.43	665.46

续表

	2015 年	2014 年	2013 年
科学研究和技术服务业	559.27	173.30	63.11
住宿和餐饮业	436.75	240.54	85.69
文化、体育和娱乐业	202.66	87.78	48.81
采矿业	191.44	154.53	151.91
建筑业	86.49	72.11	66.64
电力、热力、燃气及水生产和供应业	73.93	72.59	2986.46
房地产业	73.07	71.92	22.95
水利、环境和公共设施管理业	36.27	28.77	9.46
教育	20.82	17.82	9.42
居民服务、修理和其他服务业	15.81	10.02	1.82
卫生和社会工作	3.79	2.43	1.16

资料来源：国家统计局。

总之，电子商务业在地区、行业间的不平衡发展趋势从长期来看是不健康的。这种不均衡发展的结构需要通过政策倾斜等方式进行调整，让电子商务在各行各业、各地区间整体发展。

（二）网络安全问题

网络安全仍然是电子商务活动中一个亟待解决的重要问题。电子商务活动中产生的信息流和资金流最容易受到网络安全威胁。网络安全问题也是让很多习惯传统线下消费模式的居民望而却步的重要原因。他们对在网络上进行买卖货物、资金交易持怀疑态度。在这种情况下，再听到一些网络资金被盗用、产品虚假等网络安全事件，就更加不愿意尝试在线交易购物了。这些网络安全威胁使电子化信息缺乏可信度。计算机网络安全威胁电子商务主要体现在以下几个方面：

（1）信息泄露。大家都知道，我们在进行线上交易时需要提供个人电话、家庭地址以及银行卡等个人信息，这些信息公布在网上就让一些不法分子有了可乘之机。例如，他们通过买卖个人身份信息获取利益，利用所得信息进行诈骗犯罪，更有甚者盗取银行卡密码直接进行经济犯罪。因此，在大数据时代背景下，信息保密问题一直是重中之重，无论是从计算机硬件配置，还是从信息储存安全、信息监控流程方面，相关部门、企业、网络干警等都在不断优化管理机制，以最大程度保证使用者的信息安全。

（2）信息篡改。电子信息在传输过程中，可能受到犯罪分子的篡改、删除或者重放（指相同信息被重复使用），使得信息失去了完整性和真实性，从而使电子商务在线交易的双方接收到错误或者无效信息。

（3）信息破坏。不法分子使用特殊手段，如计算机病毒、软件系统漏洞等，破坏电子商务中的信息传递过程，或者对电子商务平台进行打击破坏，给交易双方造成损失。

不可否认的是，从电子商务交易过程中进行犯罪，相较于传统线下诈骗犯罪而言更加容易，也更难在犯罪后进行法律追责。互联网犯罪普遍具有举证难度大、维权成本高以及违法成本低的特点。例如，犯罪分子假借电子商务名义，签订合同，在收到款项后不履行合同义务，销声匿迹，这样的案例比比皆是。而真正能够抓捕到犯罪分子并追获犯罪资金的少之又少。事后追捕花的精力和时间远比事前预防要多得多，因此，防患于未然是解决网络安全问题的重要任务，不可不慎。

（三）对电子商务存在理念上的局限性

传统的消费模式、企业运营理念在过去的数十年里从未改变。电子商务这种新的运营、消费模式迅速崛起让众多商家、消费者从观念上对电子商务缺乏正确的认识。

从企业管理者方面看，企业管理层对电子商务渠道认识不足，大部分企业信息化水平有限，在观念上没有意识到电子商务能够给企业带来巨大收益，更没有意识到抢占网络虚拟市场资源的重要性，因此错失良机。也有不少企业，投入财力、物力、人力，敢于尝试电子商务渠道。但是很多企业的电子商务仅仅停留在电子网站制作、电子广告投放上，对真正通过电子商务开发适合自身的盈利模式的认识还有所欠缺，并没有充分认识电子商务抢占市场的高效性、便利性。在这方面做得比较成功的企业要数阿里巴巴集团，阿里巴巴集团主要创始人之一马云以独到的眼光发现了电子商务业的商机，他创办的中小企业电子商务交易平台淘宝网为广大个体经营者创造了无限的机会：省去了实体店面租用费用，在网络上更加便于宣传产品。由此可见，电子商务的开展并不是单单一个企业的问题，借助电子商务第三方交易平台开展业务也是降低成本、扩宽销售渠道的好办法。

从消费者个人的角度来看，很多居民，尤其是农村地区居民习惯了传统实体店消费模式，对网络购物和电子支付这种消费模式还抱有怀疑态度，对网络安全缺乏信心。比如，在网上购物时，看不到产品实体，不能很好地鉴别真伪与质量；在网上进行支付时需要绑定个人信息及银行卡，不能确定日后资金是否安全；网络上充斥着大量产品信息，不知如何甄别选择；对很多之前没有使用过电脑的居民来说，进行网络购物需要重新学习如何使用网络购物平台等。不过，淘宝网、天猫商城、1 号店、京东等网络支付平台用低廉的价格、优质的服务、便利的采购模式吸引到了大部分年轻消费者群体，而支付宝、微信等支付平台通过各种各样的线下支付活动让很大一部分消费者开始使用第三方支付软件进行线下付款，表 3-38 为主要第三方支付平台列表。中国电子商务研究中心数据显示，第三方支付中市场份额支付宝占比 51.8%，名列第一，财付通市场份额占比 38.3%，名列第二。

表 3-38　**第三方支付平台**

类型	主要平台
电子商务型	支付宝、新浪支付、京东支付、QQ 钱包、易付宝、财付通、网易宝、百度钱包

续表

类型	主要平台
互联网型	快钱、拉卡拉、环迅支付、汇付天下、易宝支付、银联在线支付、连连支付、盒子支付
手机厂商型	苹果商城、小米商城、安卓商城、华为商城、三星商城
运营商型	翼支付、和包、沃支付

总而言之，对电子商务观念上的认识改变是发展电子商务业的基础。如何转变大众传统认知，打破以往理念的局限性，让大家接受并积极使用电子商务是亟待解决的问题。

（四）电子商务产业缺乏专业性人才

可以毫不夸张地说，企业对于电子商务人才的缺乏是阻碍企业电子商务发展的首要问题。电子商务作为新兴发展的行业，前期人才短缺是必然的。电子商务需要跨学科领域复合人才，既要精通计算机技术，例如网页制作、网站维护管理、信息化录入等，又要懂得金融、贸易、市场营销等商务知识。因为专业人才匮乏，导致大部分中小企业没有重视对电子商务发展的规划。事实上，多数中小企业更在意的是短期收益，而发展电子商务在前期来说需要消耗大量的人力、物力、财力去进行信息平台搭建、宣传，因此中小企业仅仅依靠自身去迈出电子商务发展第一步是相对困难的。再加上电子商务人才的匮乏，没有专业网络经营经验，企业想发展电子商务是心有余而力不足。

数据显示，截至2016年年底我国电子商务人才缺口高达150万人，63.3%的企业急需电子商务营销人才。有关专家预计，未来10年我国电子商务人才缺口为200万人。据中国电子商务研究中心调查显示，在电子商务企业中，42%的企业急需电子商务运营人才，27%的企业急需推广销售人才，13%的企业急需综合性高级人才，9%的企业急需产品策划与研发人才，5%的企业急需技术性人才（IT、美工），4%的企业急需供应链管理人才（见图3-10）。由此可见，市场上运营、营销及综合管理人才是紧缺的。

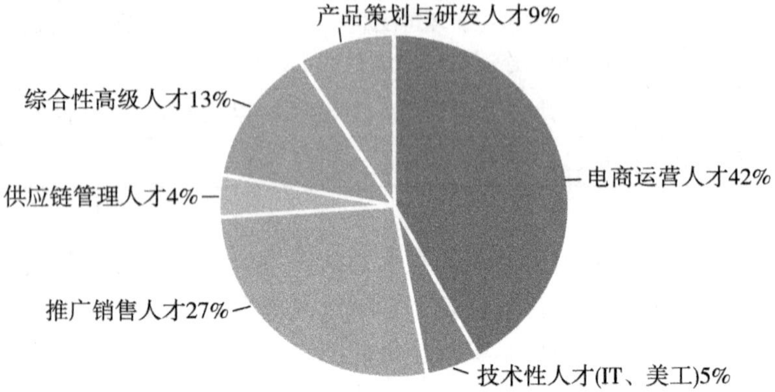

图 3-10 电子商务企业人才紧缺调查表

数据来源：中国电子商务研究中心。

还有一份关于企业电子商务人才招聘需求的调查显示，暂无规划，根据企业实际发展情况招聘的占 12%，员工规模会有增长，有大规模招聘计划的占 45%，会有招聘需求，员工规模小幅度增长的占 40%，企业业务重组，会缩减企业员工规模的占 3%。由此可见，大部分企业是有招聘需求的。

提及人才的缺乏必定要认识到人才培养的问题。人才短缺与人才培养息息相关。根据国家教育部 2016 年发布的《全国教育事业发展统计公报》，预计未来五到十年，我国电子商务培训教育市场潜在规模将达到 5000 亿元。我国电子商务培训教育刚刚起步，存在以下几个问题：

(1) 电子商务教育缺乏针对性。电子商务是一门集计算机网络、管理、营销、经济，乃至法律在内的综合性课程。涉及整个电子商务活动中的网站构建、信息统筹、网络通信、物流配送、质量体系管理、售后服务等问题。市场上现有的电子商务培训课程，内容较为笼统，没有针对性，多数以介绍电子商务流程为主，并没有时间深入研讨各方面内容，因此适用性有限。再者，没有课程根据需求方来进行个性化培训，电子商务需求方是多样的，例如，政府机构、国际贸易企业、国内零售企业等，它们对电子商务人才的要求都是不同的，各有偏重。这些都是目前的电子商务培训所不能达到的。

（2）课程设置不科学，优质的教学人员短缺，没有成形的培训体系。电子商务毕竟是一门新兴学科，众多培训机构都在摸索中前行。我国电子商务发展与欧美等发达国家相比还是有很大差距的，而能去国外“取经”的培训机构少之又少。没有国际上前沿性的电子商务视野，又缺乏真正的实践经验，多数培训机构课程设置停留在理论层面，中看不中用。这种情况下培养出来的电子商务人才，并不符合企业的需求。因此很容易出现供应人才多，但是企业方依旧找不到合适的人才这种情况。当然，如何根据市场需求去培养电子商务人才是要不断地摸索前进的。

（3）可实践和操作性弱。电子商务是一门实践性学科，无论是计算机网络技术，还是电子商务市场营销都需要亲身体实践。目前的教育培训不能为参训者提供良好的实践环境，教学内容脱离实际商业环境，这导致学员不能学以致用。再加上教学人员长期任教，很少参与电子商务实际运作，没有实际从业经验，这就导致教学内容应用性较差，案例陈旧，不具有参考性。

以上三点若不能及时攻克，我们就很难期待电子商务人才奇缺能够被弥补。值得一提的是，我国各大高校从 1999 年开始已经开设电子商务专业，而从 2004 年之后招生规模趋于稳定。高校的人才培养分为两类，一类定位在面向科研，另一类定位在面向市场。可是，对于发展迅速的电子商务市场而言，高校的人才培养节奏是远跟不上的，高校培养的人才进入企业后并不能快速上手，而依然需要一段时间重新学习、积累经验才能为企业服务。

二、宏观政策层面建议与对策

（一）加强基础设施建设

通信网络基础设施建设，是信息化建设的基础，也是电子商务业稳步发展的保证。目前，我国的互联网使用率 70% 以上集中在城市地区，而偏远地区的农村、乡镇由于经济发展较为落后，对电子产品、网络信号覆盖等还有很大的可发展空间，图 3-11 为中国网民城乡结构比例图。据中国互联网络信息中心第 40 次调查报告统计，截至 2016 年 12 月，中国网民中农村网民占比 27.4%，规模为 2.01 亿。国家统计局显示 2016 年年底农村总人口为 5.9 亿人，也就是说农村的互联网普及率仅为 34.07%，有一半以上的农村人口没有使用互联网络。其原因主要有二：第一，农村人口对新鲜事物接受程度不高，旧思想旧观念改变需要一定的过程。多数人不懂电脑、不会使用电脑，这是导致农村互联网普及率低下的主要原因。第二，没有电脑、手机等电子产品，互联网硬件配套设施不到位，网络信号覆盖有限。我国正在实施的“宽带中国”战略目标是：截至 2020 年，让宽带网络基本覆盖所有农村地区，打通网络基础设施“最后一公里”。

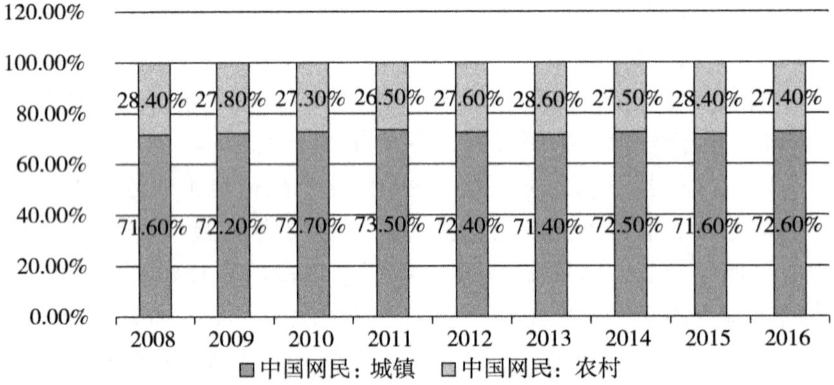

图 3-11 中国网民城乡结构比例

在提高互联网普及率的同时，也要提升保障网络安全的基础设施。近年来，各类网络安全事件层出不穷，在一定程度上阻碍了电子商务、电子支付的发展。信息共享、大数据发展便利了大众，同时也让犯罪分子有了可乘之机。之所以会出现如此之多的网络安全问题，其中一个主要原因就是由于我国网络设备和网络技术存在众多缺陷，再加上专业人员技术不过硬，因此，我们必须意识到网络安全的重要性，完善网络安全相关硬件设施建设，提高信息保密技术（数据加密技术、数字签名技术、认证机构和数字证书安全认证协议等），着重监控关键信息流，加强网络干警专业知识培养。

（二）完善相关法律，加强监管

电子商务是近年来发展起来的崭新的交易方式，不可避免地会产生一系列经济犯罪问题。与美国相比，我国的电子商务监管、立法系统显得尤为不足。1995 年在美国犹他州颁布的《数字签名法》是美国乃至全世界范围的第一部全面确立电子商务运行规范的法律文件。随后，美国又相继颁布了《全球电子商务纲要》（1997 年），以及在各个州出台了近百部相关条例法规。我国电子商务立法在 2004 年才起步，2004 年 8 月在第十届全国人民代表大会第十一次会议上通过了《中华人民共和国电子签名法》。但该立法主要针对网络安全防范问题，针对电子商务业产品质量管理、运营环境规范的立法仍然缺失，这不利于网络电子商务环境的健康发展。例如，各大网购平台虚假产品问题严重，2015 年工商总局对网购产品进行抽检，结果显示，全国网购的正品率不足六成，而最大的网购平台淘宝网假货率高达 63%。① 不仅如此，利用电子商务平台进行的诈骗犯罪也是层出不穷：发布虚假信息、冒充电子商务交易方诈骗、利用交易平台漏洞进行诈骗等。

电子商务活动中出现的犯罪花样和手段相较于传统线下犯罪来说更加多样化，并且普遍存在追责难、犯罪成本低的情况，这使得网络犯罪分子更加猖狂。这与电子商务交易中电子证据的特性有关。所谓电子证据是指在计算机网络活动中因电子化信息数据交换产生的证明事件实情的证据。一般来说电子证据具有以下几个特点：（1）容易被伪造。电子证据通过一些特殊软件处理，或者信息处理工具很容易被伪造。例如 Photoshop 软件对照片、聊天记录进行更改等。而一般来说，这种修改是不容易被发现的。所以，如

① 数据来源：国家工商总局《2014 年下半年网络交易商品定向监测》结果。

果不对电子信息的真实性进行检测而直接认可，那可能会有失公允。(2) 容易被销毁。电子信息容易被销毁，当对文件进行删除或者覆盖，或者电子信息载体损毁的时候，电子证据也将不复存在。因此，电子证据在一定程度上来说是非常脆弱的。(3) 载体多样化。电子证据载体具有多样化的特性。电子证据可以以文本、音频、视频、动画、照片等各种形式出现。

正是由于电子证据这些特性，使得它在作为案件证据时有诸多难点。2012 年 8 月 31 日出台的第二次修订的《民事诉讼法》中，第六章第六十三条规定列出，法律认可的证据包括：当事人的陈述、书证、物证、视听资料、电子数据、证人证言、鉴定意见、勘验笔录八种。而所有证据必须查证属实，才能作为认定事实的根据。这其中第一次出现了对电子数据的证据认可，那么也就是说电子邮件、短信、聊天记录等也可以作为民事纠纷的呈堂证供。电子数据虽然进入了诉讼认可范围，但是依旧存在鉴定真伪难、取证难、保存难等问题。所以，对于重要案件的电子证据，我们往往需要业界专家进行真伪鉴定；对重要证据进行特殊处理保存，使其不易因通信网络病毒等问题而导致丢失。

（三）扶持相关产业发展

电子商务并不单单只是网络营销这一个环节，它是集网络信息技术、市场营销、贸易、经济、物流等于一体的综合应用。它对于不同层面的相关产业均有一定的依赖性。其主要相关产业有如下几类：

通信服务类产业：这类产业属于电子商务服务的开端部分，向电子商务各应用层级提供信息传输类服务，其中包括计算机设备、网络设备、网络供应服务等。这是电子商务活动开展的基础硬件设施的保证。

基础服务类产业：这类产业属于电子商务服务的中间过程，在通信服务类产业基础上进一步提供电子商务信息处理服务。例如，数据信息收集、电子交易处理、电子支付、电子商务软件、物流系统，等等。

应用服务类产业：这类产业属于电子商务服务的终端部分，是与电子商务客户最终接触的端口，涉及各行业电子商务类服务，例如，网络餐饮住宿、火车飞机网络购票系统、电子商务交易平台、网上证券交易平台等。

以上三类产业基本涵盖了电子商务相关产业，这些相关产业的发展与电子商务的发展息息相关。在实证部分，我们仅仅选取了物流产业作为相关产业的代表进行研究分析。实证结果显示，物流产业的发展将会带动电子商务发展。然而，我国的物流体系目前虽然处在高速发展阶段，但仍然存在很多问题。有学者对中美两国物流业数据进行了对比分析，发现美国物流业对经济的拉动作用几乎是中国的两倍，中国物流业存在效率低、管理费用高等问题。这些都是我们需要去优化、改进的。

针对扶持相关产业发展，我们的建议是产业体系全面构建，关键产业重点扶持。

根据我国或者地区电子商务发展总体规划，确定重点相关产业发展规划。在众多产业中，采取全面构建电子商务产业体系，关键产业重点扶持的政策。对需要重点发展的产业，给予一定程度上的资金、政策支持。当主要相关产业发展成形后，再去扶持次要相关产业，从而最终完成电子商务产业集群的全面构建。

（四）重视专业人才培养

电子商务高速发展，电子商务人才是推动一切的核心。各行各业想要稳步发展，则优秀的业界专业人才必不可少。有些学者对中美两国电子商务人才培养模式进行了比较研究，他们发现，在培养层次上，美国对电子商务专业的设置主要集中在研究生阶段，并且与管理类专业相结合，而我国高等教育电子商务专业人才培养主要集中在本科阶段。如此比较，本科阶段的教学更注重于电子商务知识通论，以理论教学为主。而国外研究生阶段教学则更注重于实践技能的提升。在培养方向上，美国教育多以市场为主导，更加侧重于商务管理方面。而我国在培养方向上的目标则显得过于模糊，很多方面都有涉及，但是过于笼统，没有针对性。这种情况下培养出来的学生，在电子商务企业并不能很快上手。在教学模式上，显然美国电子商务教育更注重与市场相结合，拥有大量去企业实践的机会。我国则是更多地停留在书本层面教学，实践学习较少。

借鉴美国电子商务人才培养经验，结合我国现有国情，我们总结提出以下几点建议：

（1）不同性质教育机构明确培养目标，制订有针对性的教学培养方案。例如，高等院校教育可以分科研类和应用类两个大类。科研类教学可以主攻理论问题，应用类教学则需要加强应用型实践经验。而应用类专业院校可以针对电子商务不同环节培养专业化更强的人才，例如，网页设计、电子商务平台设计、电子商务营销、物流配送管理等，专业人做专业事，分门别类进行教学。

（2）电子商务教学应该以市场为导向，教育机构可以参考企业调研报告，了解企业所需要的电子商务人员类别，掌握市场需求动态，这样才能使培养的学员在市场上更有价值。毕竟多数学员结业后将会进入业界从业，按需培养才能使学员更具有竞争力。

（3）发展多渠道培养。电子商务人才培养不能仅仅依赖于高等院校教学，它应该是多元化的。建立网络自主教学平台、开展行业沙龙、开设业内交流平台、定期召开不同层面的研讨会等，这些都会使各类电子商务从业人员受益。

（五）建立多元化投融资机制

电子商务企业除开几大巨头领军企业外，以中小企业居多。众多电子商务中小企业由于企业规模小，融资风险大，融资成本相对较高，因而很难获得融资。而我们知道，对于电子商务中小企业来说，前期发展资金是容易短缺的。电子商务企业由于其运营特性，多数需要货到确认付款，因此存在一定的资金周转期，在这段从产品出库到货到收款的过程中，资金数据显示，银行对电子商务中小企业放贷是尤其谨慎的，一是中小型企业实力薄弱，投资风险相对较大，并且对电子商务企业投资很难在短时间内获取收益，这与银行投资理念相悖；二是中小型电子商务企业多数并没有健全的财务内控体系，管理人员缺少融资运营、资金管理相关的经验，这使得银行放贷风险加大；三是电子商务企业融资并没有相关的政策倾向支持，这使得银行更没有动力去对中小电子商务企业放贷。而中小企业从民间获取借款的利率又相对较高，这导致电子商务中小企业在资金短缺时存在融资困难。无疑，这会大大抑制中小型电子商务企业的成长。针对融资困难的问题，我们给出如下几点建议：

（1）加强对中小型电子商务企业财务方面的规范与监管。只有规范自身财务制度，才能让投资者更加清晰地了解到企业现状，并且根据企业情况给予相关的投融资建议，提供财务支持。

（2）加强中小企业运营者的融资运营理念。资本运营已经成为当前企业运营的重要组成部分，好的融资决策可以使企业在短时间内迅速发展，超越同行，而一个不好的融资决策很可能导致企业严重的资金问题。所以针对融资问题，建议中小企业运营者加强对融资运营的学习，根据企业自身的情况，制定合适的融资策略：合理选择融资方式、融资程度。

（3）发展多种类融资渠道。融资并不仅限于银行借贷类，我们需要打破以往完全依赖银行借贷的传统融资模式。当前，银行也出台了各种相对于贷款成本更低的融资模式，例如银行承兑汇票融资、IPO 等。再者，民间融资也是一股不可小觑的资金力量。多种类融资渠道将会为中小企业提供更多的融资可能性。

（4）出台相关政策支持，可建立专项扶持基金。目前，国家越来越重视电子商务类企业发展，但融资政策支持的力度不够，尤其是扶持中小型电子商务企业的力度不够。电子商务虽然入行门槛较低，但竞争异常激烈。对于占据一定市场份额的中小型企业来说，发展是相对困难的。我们认为，地方政府可以有选择性地扶持优质中小型电子商务企业，可通过税务优惠政策、专项基金扶持政策等鼓励中小企业发展，改善其资金状况。不仅如此，还可以组织专家团队对企业进行融资、上市方面的技术指导，协助企业制定合适的资本运营战略。

（六）建立电子商务产业园

电子商务产业园是互联网与传统商务的结合体。电子商务产业园是电子商务产业集群存在的一种新形态。它的建立不仅可以形成产业规模经济，更能够汇聚多方面的电子商务人才、资源，大大促进产业园内企业发展，推动当地区域经济发展，同时也可以方便政策支持、产业园品牌的建立。我国电子商务产业园从2008年起进入快速发展时期，很多地方政府意识到电子商务产业园建立对当地经济的推动作用后，都出台了相关的电子商务产业园发展规划，例如，2016年郑州市发布的《郑州市电子商务发展规划（2014—2020年）》中提到，郑州市电子商务产业聚集区建设模式尚未成熟，电子商务服务企业数量和规模没有明显的优势。因此，电子商务产业园建立是下一步发展重点。在重点工程中提到，郑州市准备根据自身发展特点，在多园区即郑州市航空港经济综合实验区、郑东新区、高新技术产业开发区、郑州经济技术开发区、金水区和二七区等其他各县（市、区）建设电子商务产业园，以点带面，整体推动郑州市电子商务发展。近年来，成都、武汉、北京、上海、浙江、广州等城市均出台了相关政策。

由此可见，各地方政府对电子商务产业园发展的重视，电子商务产业园建设正在全面推进中。但是，我们不能为了建设而盲目建设。根据阿里研究院（Ali Research）2015年发布的《中国电子商务园区发展报告（2014—2015）》中的数据统计，截至2015年3月底，我国电子商务产业园数量超过510个，主要集中在浙江、广东、江苏、福建等省份。电子商务园区数量最多的十个城市依次是：杭州、金华、广州、温州、台州、上海、绍兴、深圳、宁波和泉州。电子商务产业园数量和规模目前仍然在不断扩大，但在建设过程中应该注意以下问题：

第一，电子商务产业园建立的初衷并不能简单地被认为是地点上的产业集群，而很多目前入驻的企业仅仅认为产业园的便利化是体现在办公场地、配套服务、政策优惠的统一上。事实上，多样互动联系才是产业园的文化和经济价值所在。甚至可以说，随着入驻企业增多，产业园内可以形成自己独立的、有特色的生态办公系统、商业产业链等。

第二，省市政府相关部门对产业园的建设规划不能盲目，它必须符合当地经济发展整体规划。电子商务产业园建设起来后必定成为当地电子商务发展的核心枢纽，而如何去建立电子商务产业园的管理体制和运营模式，保证可持续发展是最大的难点。

第三，入驻企业质量、数量、种类需严格把控。电子商务产业园相当于一个小的商业聚集区，入驻企业的选择至关重要。优质企业能够带动起整个产业园的文化氛围，产业结构的优化也会让所有园内企业受益。

三、微观企业层面建议与对策

（一）优化电子商务平台

对绝大部分电子商务企业来说，存在于网络上的电子商务平台相当于传统企业的“店面”。这是企业对外的窗口，这个平台承载着一切产品信息、企业信息，甚至于在线支付购销系统等。互联网电子商务平台打破了时间和空间的限制，让人们直接可以通过平台进行采购等活动。那么无疑这个平台成为了营销环节与客户对接的窗口，如何打理好自己的电子商务平台，对任何一个企业来说都是至关重要的。如何让平台在第一时间吸引住客户的眼球，在有限的网页上给用户传达足够多的信息，如何在搜索引擎上提升自己的搜索排位，如何保证自己产品在网上销售的便利性，如何通过网站建立客户信任度，让他们能够愿意通过电子商务平台进行采购，如何优化平台结构，建设有独特创意的平台等，这些都是企业需要去费心优化的。

做好电子商务平台优化无疑是提高企业核心竞争力的关键方法之一。优化企业电子商务平台的重点在于有吸引力、平台使用便利、信息有效传递、安全稳定这几大方面。电子商务平台优化，可以提升企业形象，提高客户的满意度、信任度，只有做好了企业的“门面”，才能招揽更多客户。

（二）提高数据采集、分析能力

电子商务平台不仅是一个信息对外传递的过程，还是一个信息采集的过程。数据采集是电子商务企业获取市场信息的关键一步，无论是电子商务零售企业，还是B2B电子商务，都需要通过数据采集分析去了解客户采购倾向、客户个人信息、市场价格信息、竞争对手信息等，依此来进一步做出有效的商业决策。比如说，作为一家电子商务零售企业，收集每一位客户浏览商品的偏好，通过数据信息采集了解到他们的购物倾向、兴趣爱好，那么在下一次该用户再次登录网页时，就可以根据以往的信息推荐其感兴趣的商品，有的放矢，让广告更有效果。再比如说，可以定期对客户进行问卷调查，通过客户意见反馈，有针对性地进行广告投放、产品研发。

挖掘数据中的商业信息，对任何一个电子商务企业都是至关重要的。目前，我们已经步入了大数据时代。海量数据集成数据库、云计算、物联网等新兴技术被广泛运用。无论是管理、财务、营销还是采购都涉及数据信息统计与分析。通过这种动态的信息反馈，对获取数据进行处理分析，我们能够更加高效地做出经营决策。这对于企业来说，既是机遇，又是挑战。机遇是，通过数据分析，我们可以在短时间内获得以往传统管理模式所不能得到的商业信息。而挑战是，企业需要建立自己的数据库系统，在大量的数据中采集、甄别、分析有用的数据信息，并且将这些信息转化为有价值的商业决策。如果一个企业没有足够的信息处理能力，就很容易迷失在海量的大数据中。在信息化初期，企业可以寻找一些已经有信息处理经验的咨询公司进行合作，让其提供技术支持。总而言之，大数据时代给电子商务企业带来的信息量是爆炸式的，在信息数据的海洋中挖掘有用的商业信息是企业能够在市场上占领先机的不二法门。

第四章　互联网金融

第一节　互联网金融导论

一、互联网金融定义、分类及特征

（一）互联网金融定义

谈到互联网金融，大家自然而然地会想到互联网支付、网络银行、P2P 网络贷款、网上众筹融资等我们生活中常见的依托于互联网存在的金融业务。互联网金融，顾名思义，是传统的金融业务与互联网相结合。目前在业界对互联网金融没有明确的定义。中国人民银行于 2014 年发布的《中国金融稳定报告（2014）》中，定义广义的互联网金融既包括作为非金融机构的互联网企业从事的金融业务，也包括金融机构通过互联网开展的业务。狭义的互联网金融仅指互联网企业开展的基于互联网技术的金融业务。①

（二）互联网金融特征

互联网金融主要有如下三点特征：

第一，金融服务依托于互联网平台，使金融服务更加便利、快捷、高效。比如，网络银行、手机银行的出现让人们省去了去银行营业中心叫号排队、填写单据、窗口办理的时间。各类股票交易平台软件让股民及交易人员能够在家实时观测股市行情并进行交易。

① 中国人民银行《中国金融稳定报告（2014）》。

互联网金融门户融汇了多方面信息，扩宽了网络贷款等业务渠道，提高了互联网金融业务效率。

第二，互联网金融相比于传统金融服务而言成本更低。基于大数据统计，网络信息共享使得金融信贷审批和管理成本大大降低，并且更加公开化、透明化。与此同时，互联网金融也降低了中小企业融资成本，为其融资提供了新渠道。

第三，互联网金融业务更多是针对中小型微观客户，满足其个性化需求，弥补了传统金融业务的不足。例如，京东白条、蚂蚁花呗这类消费贷款性金融产品在一定程度上替代了个人信用卡的功能。P2P（Peer-to-Peer）业务的产生，即点对点网络借贷优化了资金配置流程，使得资金供给方与需求方的对接更直接，这是传统金融业务无法做到的。

（三）互联网金融分类

清华大学五道口金融学院于2015年12月发布了《全球互联网金融商业模式报告（2015）》，该报告根据互联网金融在世界各国的发展，将业务模式分为四大类：传统金融的互联网化、基于互联网平台开展的金融业务、全新的互联网金融模式以及互联网金融信息服务。

第一类，传统金融业务互联网化。这类包括网上银行业务、证券在线交易业务、基于互联网销售的保险业务等。

第二类，基于互联网平台开展的金融业务。顾名思义，这类主要是在网络平台上销售的金融产品，以及基于客户信息大数据面向网络中小型贷款需求客户开展的消费金融业务。例如，余额宝、阿里小贷和京东白条。

第三类，全新的互联网金融模式。这类主要包括P2P网络贷款和众筹融资。P2P和众筹融资都是一种创新的金融模式。因其借贷具有高效化、透明化和市场化的特点，在我国近年来呈现出迅猛的发展趋势。

第四类，互联网金融信息服务。包括在线投资社交金融产品搜索、个人财务管理在线金融教育、个人信用管理等。

二、互联网金融发展历程、现状及发展趋势

（一）互联网金融发展历程

互联网金融最早起源于美国，1992 年网络券商 E-Trade 成立，1995 年网络银行 SFNB 成立，网络保险 INSWEB 成立，1996 年网络理财交易商 Charles Schwab 成立，1998 年第三方支付平台 Paypal 成立，并且于 1999 年 Paypal 成立互联网第一支货币市场基金，2005 年第一家 P2P 借贷平台 Prosper 成立，2009 年众筹融资平台 Kickstarter 成立。

相较于美国而言，中国互联网金融发展形态是相对滞后的。中国互联网金融市场自 20 年代末期就已经初步成形，体现在金融机构互联网化以及互联网企业进入金融领域及融资模式创新上。1997 年招商银行网银上线，并推出“一卡通”业务，2000 年工商银行推出手机银行业务，2003 年淘宝推出支付宝业务，2007 年首家 P2P 网络借贷平台“拍拍贷”成立，2009 年工商银行推出基于 3G 网络的手机银行，2010 年阿里小贷成立，淘宝保险上线，2011 年首家众筹融资平台——点名时间成立，并先后完成了《十万个冷笑话》《大鱼海棠》等国内原创动漫作品的众筹。2013 年被誉为互联网金融元年，当年工商银行推出微信银行，2013 年 6 月余额宝业务上线，2013 年 10 月百度理财平台上线。随之而来的是互联网金融业的迅猛发展，阿里巴巴、腾讯等各大互联网巨头企业纷纷开始针对互联网金融进行筹备布局，例如民营银行等。

互联网发展势头强劲是具有一定必然性的。从投资者角度来说，它弥补了传统金融服务的不足：投资渠道狭窄，收益偏低。从融资者角度来说，它打破了银行垄断的资金配置模式，解决了中小型企业资金饥渴、融资贵、融资难的问题。不过，融资模式的不断创新也意味着融资风险的增加，这给金融监管增加了难题。

（二）我国互联网金融发展历程

我国互联网金融发展的历程主要分为三个阶段：

第一个阶段是 2005 年以前，互联网与金融的结合主要体现为

互联网为金融机构提供技术支持，帮助银行“把业务搬到网上”，还没有出现真正意义的互联网金融业态。

第二个阶段是 2005 年至 2011 年，网络借贷开始在我国萌芽，第三方支付机构逐渐成长起来，互联网与金融的结合开始从技术领域深入金融业务领域。这一阶段的标志性事件是 2011 年中国人民银行开始发放第三方支付牌照，第三方支付机构进入了规范发展的轨道。

第三个阶段从 2012 年开始至今。2013 年被称为“互联网金融元年”，是互联网金融得到迅猛发展的一年。自此，P2P 网络借贷平台快速发展，众筹融资平台开始起步，第一家专业网络保险公司获批，一些银行、券商也以互联网为依托，对业务模式进行重组改造，加速建设线上创新型平台，互联网金融的发展进入了新的阶段。①

目前，互联网金融正处在高速发展时期。我国互联网金融主要业务格局见表 4-1。

表 4-1　**我国互联网金融主要业务格局**

<table>
<tr><th>支付</th><th>融资</th><th>投资理财</th><th>风险管理</th><th>其他</th></tr>
<tr><td colspan="4">网络银行</td><td rowspan="7">金融产品搜索引擎</td></tr>
<tr><td rowspan="9">第三方支付</td><td colspan="2">P2P借贷平台</td><td rowspan="4">网络保险</td></tr>
<tr><td colspan="2">众筹平台</td></tr>
<tr><td colspan="2">网络资产交易平台</td></tr>
<tr><td rowspan="2">消费金融</td><td>网络基金</td></tr>
<tr><td rowspan="2">网络证券</td><td rowspan="5">网络征信</td></tr>
<tr><td rowspan="2">供应链金融</td></tr>
<tr><td rowspan="2">其他网络理财</td><td rowspan="3">其他业务</td></tr>
<tr><td rowspan="2">网络小微贷款</td></tr>
<tr><td>财富管理</td></tr>
</table>

资料来源：《2016 年（上）中国互联网金融市场数据监测报告》，中国电子商务研究中心。

① 伍旭川：《2015 中国互联网金融高峰论坛》演讲。

（三）互联网金融的发展趋势

不得不承认，互联网金融的发展带给传统金融行业秩序的冲击较大。无论是银行、基金还是证券在互联网金融市场中都找到了属于自己的一席之地。但是互联网金融高速发展的同时也引起了一系列金融风险问题。层出不穷的互联网金融犯罪让金融监管机构不断地尝试更加严格的监管方案。从《关于促进互联网金融健康发展的指导意见》到《互联网金融风险专项整治工作实施方案》等一系列监管政策的陆续出台意味着在未来几年内监管趋于严格是互联网金融发展最主要的趋势之一。那么，不可避免的，严格的监管将会导致互联网金融企业运营成本上升。不仅如此，这也增加了互联网金融市场的进入壁垒，加速了不符合监管要求的企业退出市场。不过，很多企业选择了行业内并购重组或者转型的方式来避免被互联网金融市场淘汰。大型互联网金融企业通过收购的方式不断扩充自己的业务范畴，而小型互联网金融企业则通过投靠大企业以维持生存。那么，这就导致了互联网金融行业的集中度提升。以网络信贷为例，数据显示，截至 2016 年 11 月末网络借贷行业成交量前 100 的平台成交量占到全行业成交量的 75%；前 200 的平台成交量占比为 85%；前 300 的平台成交量占比高达 90%。① 信用贷款是金融的核心内容，数据显示 2016 年网络信贷总额接近 1.2 万亿，2016 年单用户信贷 7100 元。② 不过，网络信贷的坏账率比传统信贷坏账率高，网络信贷整体坏账率在 10%~20%。这也成为了阻碍网络信贷发展的主要因素之一。当然，除了网络信贷之外，众多互联网金融企业想要在互联网金融市场上分一杯羹，部分企业选择了业务转型，挖掘新的市场需求，开发新型业务，例如消费金融、专项众筹、科技金融等。阿里巴巴集团推出的蚂蚁金融服务，苏宁集团开发的苏宁金融，京东集团开发的京东金融服务，还有百度金融、拉卡拉、我来贷等，这些金融科技平台能够迅速抢占市场先机依赖的是互联网金融技术。可以预见，互联网金融未来发展的核心

① 资料来源：网贷之家及盈灿咨询。

② 资料来源：艾瑞咨询《2016 年中国互联网金融发展报告》。

并非仅仅是传统意义上的金融服务，还是以大数据作支撑，以互联网技术作保障，是金融产品与实体经济相结合的新兴模式。

第二节　互联网金融——P2P网络借贷平台风险控制研究综述

一、研究背景及意义

金融业发展，特别是互联网金融业发展的重中之重便是对风险的把控，这是互联网金融企业的核心竞争力之一。本节以P2P网络借贷平台为例来研究互联网金融服务业的风险控制问题，并结合实证研究结果给出相应的政策建议。

随着计算机技术地快速发展，P2P网络借贷（Peer-to-Peer Lending）逐渐兴起。P2P网络借贷是由民间借贷和互联网金融相结合而产生的，是一种创新的金融模式。因为P2P网络借贷具有高效化、透明化和市场化的特点，其在我国呈现出迅猛的发展趋势。然而，随着P2P网络借贷的兴起和发展，它的风险也日益凸显。由于融合了金融业和互联网业的高风险特性，P2P网络借贷风险扩散速度愈加快捷，危害影响愈加广泛，风险监管也愈加困难。P2P网络借贷风险一旦产生，就容易引起巨大的损失，影响金融体系的安全性和稳定性。因此，加强P2P网络借贷风险控制成为其持续健康发展的客观需要、当务之急和重中之重。

（一）研究背景

我国P2P网络借贷的发展历史，从2007年在上海上线并正式运营的第一家P2P网络借贷交易平台“拍拍贷”开始。从此，国内的P2P网络借贷交易平台不断涌现并得到蓬勃发展，如2009年注册成立的“红岭创投”、2010年成立的“人人贷”等。在2012年以后，我国P2P网络借贷行业更是呈现爆发式增长，平台数目、借款人数、投资人数和成交额均以数倍速度增长。根据国内第三方平台“第一网络借贷”提供的统计数值，国内P2P网络借贷交易平台数目由 2010 年的十几家猛增至现在的 6635 家，而网络借贷平台交易量则由 2010 年的 13.7 亿元增长至目前的 28049.38 亿元。至 2016 年，月均投资人数已涨至 333 万人，借款人也上升至 120 万人，平台收益率为 9.06%，平均借款期限为 6.48 个月。①

与 P2P 网络借贷的高速发展形成反差的是该行业自身存在的巨大风险。目前，我国与互联网金融相关的法律法规尚不完善，适合网络借贷行业特点的风险控制与监管体系也尚未建立。在这样的环境中，P2P 网络借贷处于不受约束的生长阶段，加之社会信用体系不健全，其特有的缺陷不断呈现出来。P2P 平台频繁出现提现困难、倒闭等现象，问题平台数目呈几何趋势增长，投资者缺乏辨别能力，又因恶性事件地发生，对平台产生不信任感。据统计，截至 2016 年底，累计有 3429 家 P2P 网络借贷交易平台出现运营问题，约占整个市场的 58.35%。其中，2016 年停业和跑路的平台就高达 1670 家，且绝大部分事件都涉嫌诈骗，这些问题严重损害了 P2P 网络借贷行业的健康发展。

（二）研究意义

从实践层面来看，各相关部门只有全面掌握了 P2P 网络借贷平台的风险模式以及风险控制中出现的问题，才能有的放矢地进行控制。目前有关 P2P 网络借贷平台风险控制的研究成果依然较少，有的实践部门不清楚 P2P 网络借贷平台的特有风险是什么、控制难点是什么，难以对风险进行合理管控并降低相应风险。从理论价值层面来看，当前对于 P2P 网络借贷平台风险控制的研究，更多是从定性角度进行，比如以案例方式来研究 P2P 网络借贷交易平台的风险和控制，对 P2P 网络借贷平台风险控制问题的定量研究并不多，针对定量研究结果进行具体分析并得出相应解决建议的研究更是少之又少。

本节拟通过研究达到如下目的：

① 资料来源：第一网贷平台网贷大数据统计 . https：//www. p2p001. com/Analysis/index. html。

（1）对P2P网络借贷平台的总体发展情况、主要运营模式等相关研究进行梳理和总结，并对比国内外P2P网络借贷交易平台情况，以便更加清晰了解中国P2P网络借贷平台的现状。

（2）对P2P网络借贷平台面临的风险及风险控制方法进行归纳和总结，并分析当前中国P2P网络借贷平台风险控制方法中存在的主要问题，为相关研究提供更加完善的框架。

（3）实证部分运用二元选择模型进行定量分析，并针对分析结果提出对应的风险控制改进建议。

二、P2P网络借贷的相关概念

P2P是“Peer to Peer”的英文缩写，是个人对个人的意思。在金融学研究中，P2P代表的是Peer-to-Peer Lending，是指“点对点”的借贷交易，通常指“个人对个人的借贷”，翻译成中文为“人人贷”。

P2P网络借贷指资金供给方通过第三方互联网平台向资金需求方提供借贷以实现资金投融资需求的金融模式。P2P网络借贷的参与者有资金提供、资金需求方和第三方互联网平台。借款方在第三方平台发布自身的融资信息，有资金出借能力并愿意借出资金的人群从这些信息中进行选择并借出相应款项。与传统的商业银行贷款相比，P2P网络借贷简化了贷款审核流程，提升了贷款发放速率，解决了企业资金周转困难的问题，但与此同时，P2P网络借贷也增大了贷款的风险。

P2P网络借贷平台是独立于资金供给方和资金需求方之外的第三方中介平台，它并不是金融机构，不对任何违约贷款负债，但是其可提供相应的金融信息服务，并在借贷双方之间充当桥梁角色。P2P网络借贷平台在交易中承担信息核实、信息配对及法律文书起草的责任，需对借款方的个人信用、财务状况、资产情况等信息进行细致考察和评定，同时，将优质的资金需求方给有投资需求的资金供给方呈现，以完成双方点对点的借贷资金交易。

三、相关文献综述

（一）P2P 网络借贷平台基本情况综述

随着 P2P 网络借贷的产生，不少国内外学者对 P2P 网络借贷的特点进行了研究。谭晓黄（2016）对 P2P 投资人行为进行浅析后，发现 P2P 网络借贷之所以吸引着众多投资者，是由于其投资途径的便利性以及可投资品种的多样性、分散投资方式弱化了投资者对整个 P2P 投资行为的风险感知、过度的互联网营销手段使投资者受到社交互动效应影响这三大因素。季雪玲（2016）指出 P2P 网络借贷行业受到借贷双方关注的原因，是因为其具有交易便利、回报率高、风险分散等特点。彭红枫、刘歆茹（2016）认为 P2P 网络借贷具有发展迅猛、投资收益率较高和准入门槛低的优点；但同时也具有高风险、信息难以获取和道德问题等方面的缺点。梁迪（2014）从借款方特点、出借方特点和 P2P 网络借贷平台特点三个角度具体分析了 P2P 网络借贷的特点，指出三方在借贷交易中各自扮演着不同的角色，只有把握好三方的特点才能有效规避风险。李雪静（2013）在对 P2P 网络借贷平台的内涵与本质研究中指出，P2P 借贷可满足个体资金需求、发展个人征信体系且有助于提高社会整体资金利用效率，并指出互联网金融的本质是通过网络征信的方式，拓展金融业务服务的目标人群。艾金娣（2012）将 P2P 网络借贷平台的发展特点归纳为五个方面：一是线上线下结合模式；二是开展预付本金业务；三是借贷市场不断细分；四是向公益性拓展；五是小微贷款企业、担保公司开始进入网络借贷行业。

伴随着 P2P 网络借贷地迅速发展，国内外专家的研究重心也渐渐转变为 P2P 网络借贷兴起的原因上。宋金璐（2017）通过研究发现 P2P 借贷行业能够在我国发展壮大，主要因为我国小微企业普遍存在贷款难的问题和民间资本缺少投资渠道的现状，而 P2P 网络借贷行业正好填补了金融市场在这两方面的空白，并由于得到政府的支持而迅猛发展。刘绘、沈庆劼（2015）认为 P2P 网络借贷的兴起源于个人信用体系地不断完善与互联网技术地持续进步，并提出国内 P2P 网络借贷飞速成长的主要原因是在“金融脱媒”背景下，P2P 网络借贷可产生较高的利润。卢馨和李慧敏（2015）提出由于 P2P 网络借贷具有贷款期限短、金额小、重视贷款者信用材料、融资门槛相对较低等特点，其一出现就受到了资金供需双方的欢迎。黄婧、李雨佳等（2015）通过研究发现 P2P 网络借贷模式相比传统银行来说，更容易进入，审批也较为简便，无需抵押资产，不受地域影响，且可以迅速满足投资人实现资产增值和借款人资金需求的目的，所以更加适合民间的小额借贷。李金阳（2013）在研究 P2P 网络借贷市场时指出，由于 P2P 网络借贷具有成本低和操作便捷等传统借贷模式无法比拟的优势，又由于其符合网络时代微金融和民间借贷的新发展，所以 P2P 网络借贷模式很快就席卷了全球。Light（2012）对 P2P 网络借贷进行研究后发现，P2P 网络信贷平台提供的超过 10%的利率是吸引投资者的主要原因。Magee（2011）认为 P2P 网络借贷有着传统金融机构借贷业务不具备的优势，即借款人无需抵押就可获得所需资金，而出借人也可取得相对较高的收益。Klafft（2008）认为 P2P 网络借贷取得成功的原因来自其较低的运营和交易成本。

（二）P2P 网络借贷平台风险及风险控制综述

随着 P2P 网络借贷交易地高速发展，其风险也渐渐暴露出来。王森辉（2016）分析了 P2P 国内发展状况，认为 P2P 网络借贷存在借贷公司本身所具有的运营风险、借贷双方个人隐私信息泄露风险和中国个人信用体系缺失风险。刘绘、沈庆劼（2015）在研究国内 P2P 网络借贷的风险与监管中提出，P2P 网络借贷的风险主要有非法集资、产品差异化、资金混同、保障不足、网络技术五种风险。叶湘榕（2014）从不同商业模式下 P2P 借贷的特性出发，分析了 P2P 借贷具有小额信贷技术、账户监管和财务披露的共性风险和法律制度、产品异化、关联性、流动性的特性风险。刘丽丽（2013）指出现行的法律法规无法对 P2P 网络借贷平台的合法性进行确认，也无法对平台运行的有效性进行监控；借贷双方信息的不对称和借款人信用评级体系的不完善增加了借贷交易的信用风险；

而 P2P 网络借贷平台中间账户资金操作过程的不透明化又加剧了操作风险。苗晓宇（2012）把 P2P 网络借贷平台在经营过程中存在的主要风险归纳为：借贷信用、市场、平台操作、流动性和政策制度五种风险。齐欣（2012）认为互联网金融借贷行业面临的主要风险是现行监管政策的缺失。苏莉娟（2011）则提出 P2P 网络借贷交易发展面临的困境：社会个人征信体系不完善、借贷交易平台自设资金池、贷款损失率高等。Weiss 和 Horsch（2010）通过研究 P2P 网络借贷的发展，发现互联网诈骗产生了非常严重的负面效应，风险监管问题也日益严峻。D Shen、C Krumme、A Lippman（2010）通过分析 Prosper 平台上的交易信息，发现 P2P 网络借贷平台的投资者偏好高风险标的，但由于其缺乏专业的辨别能力和投资技巧，这大大增加了网络借贷交易平台的整体风险。

对于 P2P 网络借贷交易平台风险控制模式的研究，学者主要集中研究了具有代表性的 P2P 平台的风控模式。郭卫东和李颖（2014）通过对国外典型 P2P 网络借贷平台运营模式的研究，指出 Prosper 的风控核心在于对借款人的每条借款需求进行信用评级；Zopa 的风险控制重点在于贯穿借贷的每个环节；Kiva 则通过检查出借人的资质与财务报告，并派出分析师进行现场调查的方法来控制风险。李雪静（2013）通过研究美国和英国 P2P 网络借贷的监管模式，指出美国监管机关对网络贷款的性质有明确界定，而英国则有比较完善、健全的针对 P2P 行业的监督与管理部门，这些模式有利于 P2P 网络借贷平台的健康运行，也从监管层面控制、降低了风险。王紫薇、袁中华和钟鑫（2012）发现拍拍贷主要采取对借款人进行风险评级和严格的信用审核制度来控制互联网借贷交易中出现的风险。尤瑞章和张晓霞（2010）对比包括 Zopa、宜信和拍拍贷等国内外代表型 P2P 网络借贷交易平台后，提出了国外平台成功的原因在于其强大的技术支持、完善的法律环境和健全的信用制度。Greiner 和 Wang（2009）在研究美国网络借贷交易平台 Prosper 对资金需求方进行信用审核时发现，Prosper 拥有完善的信用审核制度，它通过严格的借款人信息审核流程、信用评级和第三方信用机构提供的借款人信用记录来选择优质借款人。王艳、陈小辉、邢增艺（2009）研究了拍拍贷平台的借贷交易流程和政策，发现其采用竞标制度，并提供覆盖全国的专门针对学生和农民的小额信贷。Michael（2006）对 Zopa 平台的风险控制进行了研究，通过对比 Zopa 风险控制措施实施前后的不良账款率，发现只要平台实施了有效的风控措施，就可以有效控制 P2P 网络借贷平台的风险。

（三）P2P 网络借贷平台风险控制改进建议

对于在 P2P 网络借贷平台风险控制中出现的问题，不少学者提出了相关的改进意见。邓德宏（2016）从 P2P 网络借贷平台的监管现状出发，对中美两国的监管特点进行对比，并提出了构建 P2P 监管体系应从完善法律法规及行业协会的引导性作用、完善准入和退出机制、监管账户资金安全三方面出发。闫春英与张佳睿（2015）认为中国 P2P 网络借贷交易平台在风控方面还存在一些问题，需要从平台内部向平台外部有序地进行解决，P2P 网络借贷平台内部的风险控制应包括发展战略、技术研发、风控手段等；外部风险控制体系则应从监管制度和自律制度的完善两方面入手，以此保障平台良性发展。卢馨和李慧敏（2015）为了防范 P2P 网络借贷风险，从政府的角度提出了明确监管主体，扩大征信范围，并完善全国征信系统建设的对策；从 P2P 网络借贷平台的角度提出了完善网络技术降低网络风险，明确金融职责来强化操作流程的建议；从借贷者和贷款者的角度提出了建立借款者与贷款者之间信任的方法。刘峙延（2013）研究了国内与国外网络借贷交易平台的风险评定方法，借鉴国内和国外先进的信用评级方法，对我国网络借贷交易平台风险评定给出借款方风险评级、资金提供方分散投资和平台偿付机制的改进措施。艾金娣（2012）从监管部门和平台自身两个方面，提出了 P2P 网络借贷平台风险控制的对策与建议，即相关部门应出台相关法律法规以加强监管，平台自身也要加强风险管控和行业自律。黄叶危、齐晓霞（2012）在研究 P2P 网络信贷风险控制方法时提出，P2P 网络借贷平台应建立统一的信用评级系统，同时还应建立联合保险公司、借贷平台和用户三方的保险制度以规避相应风险。Kevin等（2011）则从金融机构和行业监管这两个角度进行研究，提出国际资源共享、经验互通、共同监管的金融制度改革方向。Paul（2010）指出监管部门应在保护消费者权益的前提下，制定基本准则以促进P2P网络借贷交易平台地蓬勃发展。王艳、陈小辉、邢增艺（2009）在对国内典型网络借贷交易平台进行研究后，认为P2P借贷在风险控制方面，需要完善包括借款用途、借款利率、贷款期限、偿还情况等监测指标体系。

第三节　互联网金融——P2P网络借贷平台风险控制现状分析

一、中国P2P网络借贷平台整体发展情况

中国P2P行业从2007年开始全面发展，P2P网络借贷行业发展至今，已由2010年底的15家P2P网络借贷平台发展到2016年底的5877家，成交额也从13.7亿元飞跃至28049.38亿元，平台平均利率则由18.90%降至目前的9.06%。2016年月均投资人数已涨至333万人，借款人也上升至120万人。① 在地域分布方面，我国P2P网络借贷平台主要集中在东部沿海地区及经济发达的城市，例如深圳、北京和上海。由此可见，P2P网络借贷已成为新型金融模式的主要发展力量。

（一）运营平台数量及分布情况

如图4-1所示，从网络借贷运营平台的数目考虑，在2010年之前，中国网络借贷交易网站数目依然较少，到2010年底，中国的P2P借贷交易平台才有15家。2011年至2014年P2P平台进入快速发展阶段，平台总数增长迅速，由2012年首次突破100家到

① 资料来源：《P2P网贷规模增速放缓，提升金融安全背景下专项整治延期一年》中民普惠投资研究中心。

2014 年突破 2000 家，年增长速度更是超过百分之三百。2015 年到 2016 年，平台数目虽然也在不断增多，但增速相较于往年有较大幅度放缓。截至 2016 年底，我国 P2P 网络借贷平台有 5877 家，与 2015 年相比增加了 742 家，同比增速放缓至 14%。近些年，国家加大了对 P2P 网络借贷平台的监管，预计未来几年内其增速将保持下降趋势。

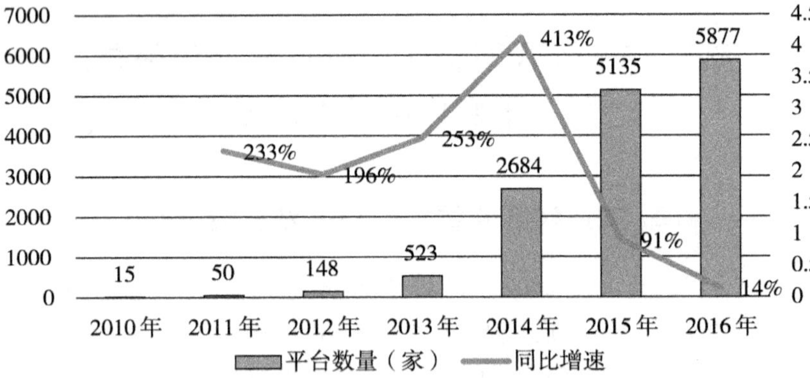

图 4-1 2010—2016 年我国 P2P 网络借贷平台数量及同比增速情况

资料来源：网络借贷之家。

从平台分布情况来看，如表 4-2 所示，截至 2016 年底，我国 P2P 网络借贷平台主要集中在经济与资讯较为发达的东部沿海地区及北京。2016 年全国 P2P 网络借贷运营平台总计为 2448 家，国内网络借贷平台数目排名前三的省份①分别是广东省（473 家）、北京市（461 家）、上海市（331 家）。排名前三的网络借贷平台数目之和已达到全国总数的 52%，排名前四的省份其平台数目也与其他省市平台数目有着显著的差距。由此可见，我国 P2P 网络借贷平台分布呈现区域差异和梯度差异的现象。

① 包括直辖市。

表 4-2 **2016 年全国 P2P 网络借贷交易平台数目排名前七的省份**

排名	省份名称	数量（家）	比例
1	广东	473	19. 32%
2	北京	461	18. 83%
3	上海	331	13. 52%
4	浙江	280	11. 44%
5	山东	118	4. 82%
6	江苏	100	4. 08%
7	湖北	75	3. 06%
	其他省份	610	24. 92%
	合计	2448	100. 00%

资料来源：网络借贷之家。

（二）交易量

虽然我国第一家 P2P 网络借贷平台早在 2007 年就成立了，但我国 P2P 网络借贷行业成交的金额并不大。图 4-2 为 2010—2016 年我国 P2P 网络借贷平台成交额及同比增速情况。如图 4-2 所示，进入 2010 年以后，国内 P2P 网络贷款行业增速变快，行业的成交额规模也不断扩大，到 2012 年底已达到 228. 6 亿元。从 2013 年到 2015 年，我国 P2P 网络贷款平台的交易额规模与速度一并增长，交易额由 892. 53 亿元增长到 11805. 65 亿元，同比增速更是每年都超过 200%。2016 年我国 P2P 网络借贷交易平台成交额为 28049. 38 亿元，成交额同比增长 137. 59%。由于监管政策细则地不断出台和平台问题不断爆发等原因，从 2013 年起，我国 P2P 网络借贷交易平台成交额的增速呈现缓降趋势。

（三）平台收益率及借款期限

2016 年 P2P 网络借贷行业平均利率为 9. 06%，这是从 2012 年以来 P2P 网络借贷交易平台平均利率首次下降至 10%以下，相比于 2014 年平均收益率水平的 12. 05%下降了 2. 99 个百分点。原因

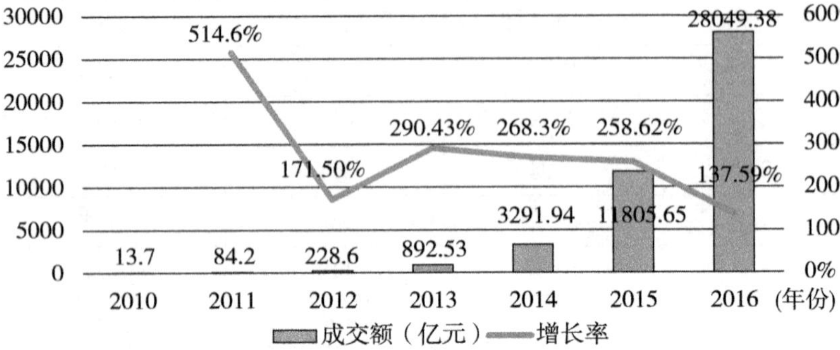

图 4-2　2010—2016 年我国 P2P 网络借贷平台成交额及同比增速情况

资料来源：第一网络借贷。

为：一是随着居民投资人数目和网络借贷平台数量的不断增加，借款方的增速逐渐赶不上投资方，根据需求供给理论，供过于求会导致平均利率的下降；二是从我国 P2P 网络借贷平台兴起时，平台就以能够提供较高的收益率而吸引着大批投资者。但是，网络借贷平台较高的利率并不能促进网络借贷行业的健康发展。因为，P2P 网络借贷行业的主要群体是小微企业，过高的利率增加了企业的负担，也不利于小微企业扩大生产。因此，为了 P2P 网络借贷行业的健康有序发展，相关部门及 P2P 借贷平台对行业利率进行了规范。例如，央行的降准和降息措施。

如图 4-3 所示，2016 年 P2P 网络借贷交易平均借款时限为 6.48 个月，相比于 2015 年平均增长 8 天左右。从 2013 年到 2016 年的数据来看，平均期限由 4.01 个月上升至 6.48 个月，呈现稳步上涨趋势，这表明我国 P2P 网络借贷行业平均借款期限趋于稳定，稳步上涨的趋势也体现了市场对于网络借贷行业的认可程度在不断提高。由平均借款期限还可得出，P2P 网络借贷呈现短期限特点。因为，P2P 贷款的投资者一般不会将资金长期投放于网络借贷交易平台，所以 P2P 网络贷款平台针对的主要都是短期的资金需求，其推出的产品也多集中在中短期内。投资者不愿进行长期投资的原因是其无法辨别借款者的资质，也无法推断网络借贷交易平台的存活周期，若进行长期的借贷交易只会增加自身的投资风险。因此，投资者大多偏爱中短期产品。

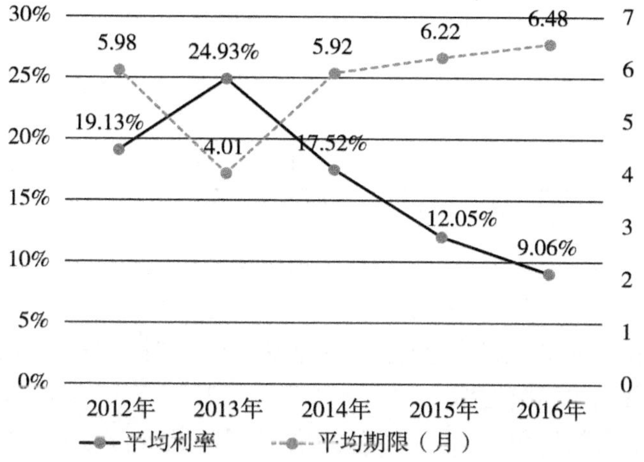

图 4-3 2012—2016 年我国 P2P 网络借贷平台平均利率走势及平均借款期限分布

资料来源：第一网络借贷。

（四）投资人与借款人情况

从表 4-3 中 P2P 网络借贷平台的投资方和借款方月均人数的数据来看，从 2014 年起，月均投资人数与月均借款人数均呈现上涨趋势。2015 年，行业的投资人数与借款人数分别达到了 45. 17 万人和 9. 04 万人，与 2014 年相比，全年的投资人数与借款人数分别增加了 292. 85%和 362. 28%。至 2016 年，单月活跃投资人数与借款人数分别上升至 333. 08 万人和 120. 33 万人。

2014 年至 2016 年，P2P 网络借贷平台的每月人均投资金额和每月人均借款金额较为稳定。三年的每月人均投资金额分别为 52192. 25 元、46001. 80 元和 5178. 24 元，三年均值为 49757. 43 元；三年的每月人均借款金额分别为 256614. 59 元、204622. 74 元和 150627. 87 元，从整体上呈现下降趋势。

表 4-3　**2014—2016 年 P2P 网络借贷交易平台投资人与借款人月均人数及金额**

年份	月均投资人数（万人）	月均借款人数（万人）	每月人均投资金额（元）	每月人均借款金额（元）
2014 年	45.17	9.04	52192.25	256614.59
2015 年	177.45	41.79	46001.80	204622.74
2016 年	333.08	120.33	51078.24	150627.87

资料来源：网络借贷之家。

（五）停业及问题平台情况

在我国 P2P 网络借贷行业飞速发展的同时，停业①及问题平台的数量也在不断增多。如图 4-4 所示，2011 年至 2013 年，停业及问题平台数量仍在 100 家以内，停业及问题平台与平台总数的比重也未超过 30%。至 2014 年年底，停业及问题平台虽然超过了 300 家，但由于平台总数大幅增多，停业及问题平台所占比重反而下降了。但到了 2015 年，停业及问题平台数量则超过了 1000 家，是 2014 年的 4.3 倍，停业及问题平台所占比重也达到了 31%。2016 年停业及问题平台情况继续恶化，停业及问题平台总数高达 3429 家，所占比重更是高达 58%。

由 2011 年至 2016 年我国 P2P 网络借贷停业及问题平台类型占比（见图 4-5）可知，停业平台和问题平台占比分别为 47.97%、52.03%。其中，P2P 网络借贷问题平台的问题类型主要集中在跑路和提现困难两种类型，两项合计占全部问题平台总量的 99%。

随着年份地推进，停业及问题平台的数量不断增多，且其占平台总数的比重也呈增长趋势。而问题平台中，绝大部分跑路和提现困难的事件都涉嫌诈骗。这些停业及问题平台严重损害了投资者的利益，也阻碍了 P2P 网络借贷平台的健康发展，更会对社会经济

① 停业不一定为问题平台，有些平台停业转型后又可正常运营。

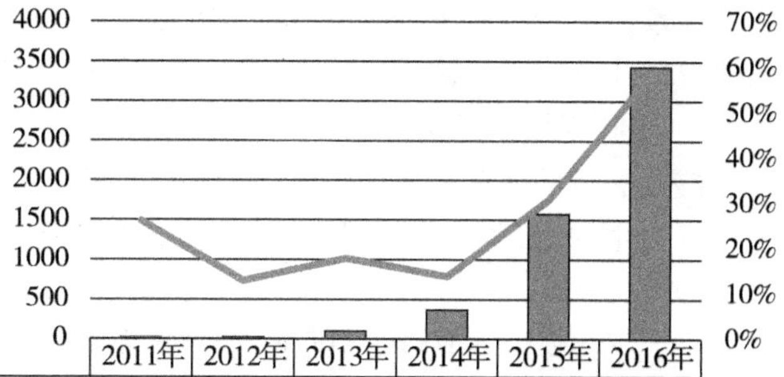

	2011年	2012年	2013年	2014年	2015年	2016年
累计停业及问题平台（家）	13	19	93	370	1576	3429
停业及问题平台占比	26%	13%	18%	14%	31%	58%

图 4-4 2011—2016 年我国 P2P 网络借贷问题平台数量及问题平台占比

资料来源：网络借贷之家。

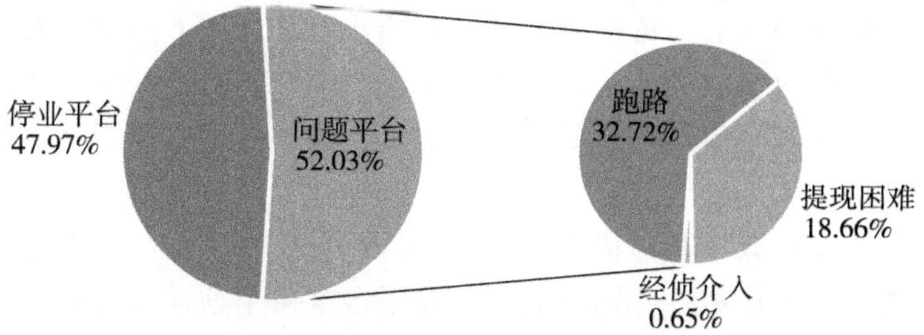

图 4-5 2011—2016 年我国 P2P 停业及问题平台类型占比

资料来源：网络借贷之家。

造成严重危害。因此，加强 P2P 网络借贷平台的风险控制势在必行。

二、中外 P2P 网络借贷平台的主要运营模式

（一）中国 P2P 网络借贷平台主要运营模式

借助于互联网技术地高速发展，P2P 网络借贷为借款人和投资人建立了方便、快捷的直接投融资中介服务，其已成为互联网金融领域的主力军。P2P 网络借贷交易方式进入我国后，在我国快速生

根发芽，目前我国 P2P 网络借贷模式在现有的监管制度和法律框架下，按照平台的业务模式、是否有担保、资金托管方式和是否存在债权转让这四大标准划分，主要有以下九种运营模式。

1. 按照网络借贷交易平台的业务模式划分

按照平台的业务模式划分，国内 P2P 网络借贷交易平台可分为线下为主的运营模式、纯线上运营模式和线上线下结合的运营模式三种。

以线下模式为主的 P2P 网络借贷交易平台，其与传统民间借贷基本相同，不同之处在于 P2P 网络借贷利用了互联网高速、便捷的特点，在一定程度上降低了获取民间资金信息的成本，促进了民间借贷交易地进行。其主要模式为：第一，资金提供方需提供自己的信息注册成为平台会员，注册成功后可通过 P2P 网络借贷交易平台发布的信息寻找相应的资金需求方；第二，投资方在找到相应需求方的信息后，可通过平台的介绍或引荐，线下与资金需求方见面以了解更多有关需求方的借款信息；第三，资金提供方在经过线下了解和考察后，通过线上网络借贷交易平台达成投资投融资需求。

纯线上运营模式是国外 P2P 网络借贷交易平台重要的运营模式。在我国，也有一些网络借贷交易平台维持了这种运营模式。其主要模式为：第一，资金投融资双方通过网络借贷平台联系起来；第二，投融资双方的信息全部通过 P2P 网络借贷交易平台获得，需求方的个人信息由平台进行审核，投资方通过平台提供的相关信息选择适合自己的标的进行投资，借贷成功后投资者通过 P2P 网络借贷交易平台获得相应的本金和利息。目前，我国纯线上运营模式平台的代表是“拍拍贷”平台，其操作流程如图 4-6 所示。

由于线上线下相结合的模式既具有线上模式便捷的优势又具有下线模式可靠性强的特点，这种方式成为我国 P2P 网络借贷交易平台的主要运行方式。其模式为：P2P 借贷交易平台将投融资双方的开发和交易从线上进行，将资金供需双方的资料审查和信用情况核实在线下操作。这样既利用了互联网的便捷特点和高效特征，又保证了客户信息的准确性。陆金所就是国内线上线下结合运行方式

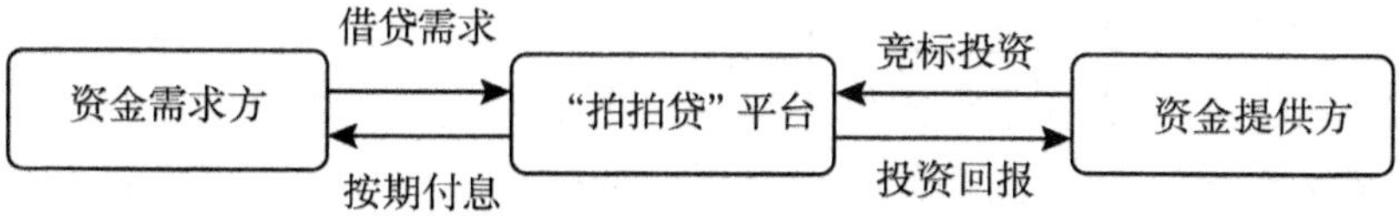

图 4-6　"拍拍贷"运营模式

的代表。

2. 按照网络借贷交易平台是否有担保划分

按照网络借贷交易平台是否有担保来划分，国内 P2P 网络借贷交易平台可分为单纯中介运营模式和有担保的复合运营模式两种。

在我国，采用单纯中介运营模式的网络借贷交易平台主要是一些新成立、不知名的 P2P 网络借贷交易平台。在这种运营模式下，P2P 网络借贷交易平台不对投资方的本金和利息担保，平台的主要功能为单纯的中介服务，其既不参与实质的借贷交易，也不设立抵抗违约的风险准备金。这样，风险一旦发生，资金提供方就要承担全部的风险。目前，国内的点融网就是这样的单纯中介平台，其运营模式如图 4-7 所示：

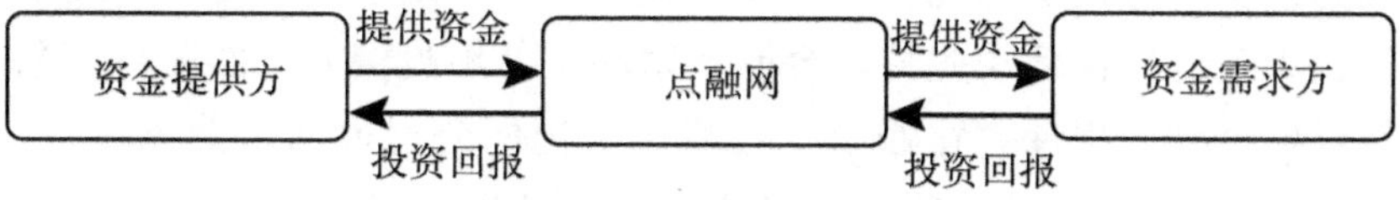

图 4-7　点融网运营模式

有担保的复合运营模式是在我国缺乏个人信用体系的背景下产生的。在有担保的复合模式的网络借贷交易平台进行交易时，一旦逾期违约或坏账发生，投资方就可以从担保方得到本金的保障，这降低了投资风险。由于有担保的复合模式给投资者提供了保障，降低了资金提供方的损失，这种模式得到了客户的青睐并迅速发展。根据资金担保方不同，有担保的复合运营模式又分为：融资性担保的复合运营模式和一般担保的复合运营模式。

融资性担保的复合运营模式指与平台有高度关联的担保公司为P2P网络借贷交易平台提供担保。其主要模式为：当逾期违约或者坏账发生时，P2P网络借贷交易平台通过相应的担保公司先将本金或本息和垫付给投资方，然后将该笔垫付资金划入担保公司账下，最后由担保公司进行追偿。红岭创投是国内平台自身担保的复合模式的创始平台，其运行模式如图4-8所示。

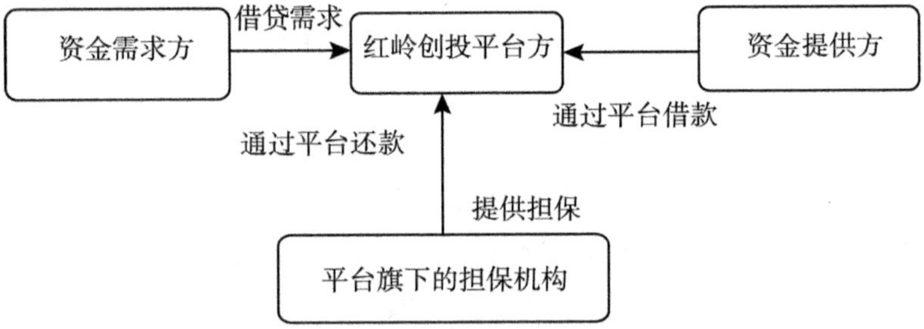

图4-8　红岭创投运营模式

一般担保的复合运营模式是指由借贷平台以外的第三方担保机构为借贷资金提供担保。其主要模式为：当逾期违约或者坏账发生时，第三方担保公司先将本金或本息和垫付给投资方，然后将该笔垫付资金划入担保公司账下，之后再由担保公司追回未偿付资金。整个过程中，P2P网络借贷交易平台不参与对逾期违约和坏账的处理，也不承担相应的投资风险。国内采用这种运营模式的网络借贷平台为爱投网。

3. 按照网络借贷交易平台资金的托管方式划分

按照网络借贷交易平台资金托管方式划分，国内P2P网络借贷交易平台可分为平台资金自管运营模式和第三方资金托管运营模式两种。

平台资金自管的运营模式出现在早期引入P2P网络借贷交易平台时，由于是网络借贷交易平台成立初期，并没有对资金进行要求，资金主要由网络借贷交易平台自理。这种模式下，当资金供需双方达成借贷交易时，投资方的资金会直接转入网络借贷交易平台的银行账户，之后再由 P2P 网络借贷交易平台转入资金需求方账户。这样，资金在供需双方和平台这三方转移时会出现时间差，进而出现资金沉淀在 P2P 网络借贷交易平台自身的账户内，存在平台挪用风险。随着央行相应政策的出台，平台资金自管的运营模式已经逐渐淘汰。

第三方资金托管的运营模式指网络借贷交易平台引入第三方支付机构或者银行，通过第三方机构或银行对投资者提供的资金进行监管的模式。其交易模式如图 4-9 所示。

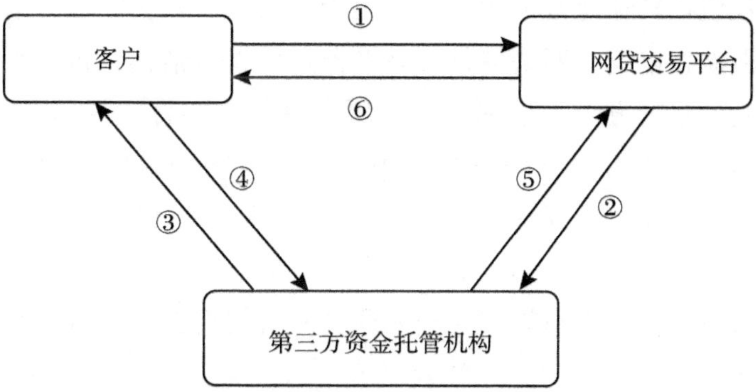

图 4-9　第三方资金托管运营模式

①客户在网络借贷交易平台上发出交易信息；

②网络借贷交易平台将客户发出的相关信息发给第三方资金托管机构；

③第三方托管机构向客户发送确认信息和验证码；

④客户收到第三方平台发送的信息后进行确认，并将结果反馈给第三方资金托管机构；

⑤ 第三方资金托管机构收到客户发送的信息并实时通知网络借贷交易平台；

⑥网络借贷交易平台发送交易信息给客户。

4. 按照网络借贷交易平台是否存在债权转让划分

按照网络借贷交易平台是否存在债权转让来划分，国内 P2P 网络借贷平台可分为无债权转让运营模式和债权转让运营模式两种。

无债权转让运营模式指资金供需双方达成借贷交易后，直接将需求方所需资金通过第三方资金托管机构转入借款方的账户。无债权转让运营模式是我国 P2P 借贷网站的主流模式。

债权转让运营模式指资金供需双方不直接达成借贷交易，而是通过第三方个人先将资金需求方所需资金打入其账户，然后第三方个人再将债权转让给资金投资方，资金需求方和最终的投资人之间存在专业的第三方放贷人。在我国，宜信网络借贷交易平台有着债权转让运营模式，其流程为：第一，资金需求方通过平台发出借款申请，网络借贷交易平台随即将申请信息传达给第三方个人，第三方个人根据自己意愿与借款方签订债权债务合约，随后第三方个人将合同进行处理后再发布在网络借贷交易平台上；第二，投资人通过网络借贷交易平台得到相应债权投资信息，并向平台提出投资申请，平台将投资人申请传达给第三方个人；第三，投资人与第三方个人通过网络借贷交易平台进行债权出售交易。

（二）国外 P2P 网络借贷平台主要运营模式

国外 P2P 网络借贷行业从 2005 年开始形成，经过探索期发展到现在，已经拥有了较为完善的平台运营模式和风险管理技术。如表 4-4 所示，目前，国外比较成熟的网络借贷模式有三种。一是以美国的 Prosper 网络借贷平台为代表的单纯平台中介运营模式；二是以英国的 Zopa 平台和美国的 Lending Club 平台为代表的复合型中介运营模式；三是以美国的 Kiva 平台为代表的非盈利运营模式。

表 4-4　　**国外典型 P2P 网络借贷交易平台运营模式**

运营模式	P2P	主要特征
单纯中介运营模式	Prosper	网络借贷平台仅提供中介服务
复合型中介运营模式	Zopa	平台负责借款方的信用等级审核，设置竞标制度完成投融资
	Lending Club	根据用户信用等级，设置不同的利率
非盈利型运营模式	Kiva	与发展中国家的非政府组织合作

1. 单纯中介运营模式

单纯中介运营模式是指，网络借贷平台只为资金供需双方提供中间服务，而交易由资金供需双方在平台上自主完成。这种模式下存在的风险为，若资金需求方发生超期风险，网络借贷平台不提供资金保障，资金提供方需承担全部风险。

这种模式的典型代表是美国的 Prosper 网络借贷交易平台。其主要模式为：第一，资金需求方要在网络借贷平台上填写完整的信息，然后借贷平台通过信用评级公司确定的信用等级，在获得信用评级后，资金需求方才可在平台上发布借款信息；第二，资金供给方可根据平台提供的借款方信用评级信息和借款方发布的借款信息，自主选择投资项目，但在资金提供方投标前，其需先向在平台设立的账户中汇入资金；第三，当资金需求方筹到的资金并通过借贷平台的进一步审核之后，平台才会通过合作银行将相应资金转入借款方账户。

2. 复合型中介运营模式

复合型中介运营模式是指，网络借贷平台除了提供中间服务外，还提供担保、利率制定等服务。这种模式与单纯中介运营模式相比，打破了竞标的传统方式，提高了交易效率。

美国的 Lending Club 平台是复合型中介运营模式的代表。其主要模式为：第一，资金需求方要通过平台严格的信息审核认证和 A-G 信用等级分级后，才能成为平台的借款人；第二，通过平台审核的借款人需在平台上发布详细的借款信息，主要包括借款人的信用等级、美国个人消费信用评分、借款总额、利率、还款期限等；第三，投资方通过平台查看借款方的借款信息并进行投资。

3. 非盈利型运营模式

非盈利型运营模式是指，网络借贷交易平台主要为发展中国家的中低收入和贫困人群提供公益性的借贷服务。这种模式下，网络借贷交易平台不向资金提供方和合作机构收取服务费，平台的运营资金主要通过一些企业和个人的捐赠以及与其他方的广告合作获得。

2005 年在美国成立的 Kiva 网络借贷交易平台是非盈利型运营模式的典型。其主要模式为：第一，资金提供方通过平台提供的信息选择合适的借款对象进行借款；第二，当某一笔贷款筹集完成后，资金提供方将通过网上支付平台将相应资金转给网络借贷交易平台；第三，网络借贷交易平台将取得的出借人资金转给合作的当地金融机构，通过金融机构将借款交到资金需求者手中。

三、中外 P2P 网络借贷交易平台运营管理模式对比分析

首先，中外网络借贷平台的运营模式存在差异。国外 P2P 网络借贷交易平台的运营模式主要分为单纯中介运营模式、复合型中介运营模式和非盈利型运营模式三种；与国外网络借贷交易平台相比，国内 P2P 网络借贷交易平台的运营模式种类较多，但绝大多数的 P2P 网络借贷交易平台仍以单纯线上运营模式为主，随着 P2P 网络借贷行业的发展和监管制度的提高，线上运营模式的复合中介型平台逐渐增多。

其次，中外网络借贷交易平台所处的社会信用环境存在差异。国外拥有健全的社会信用体系和完备的法律法规，P2P 网络借贷平台可以借助互联网，方便查询到借款个人和企业的信用情况，确定信用评级高的优质借款方；而国内缺乏个人和企业的社会信用记录，P2P 网络借贷交易平台仅依靠借款人自己提供的证明做出其信用评级并提供给投资人，在这种情况下，借款方的信用质量无法保证。

再次，中外网络借贷交易平台在借贷双方之间起到的作用不同。国外 P2P 网络借贷交易平台重视借款人的信用评级，通过征信系统提供的信用评分，给借款方划分相应等级以便投资方选择合适的投资项目，且借贷信息透明，违约率很低；与此相对，国内 P2P 网络借贷交易平台主要借助借款方提供的银行流水进行审核评级，且绝大多数网络借贷交易平台对资金供求双方的信息采取保密方式，借贷交易信息不透明。

最后，资金提供方面临的风险存在差异。国外 P2P 网络借贷平台上，借款人的信用信息全都来自独立信用评级公司，借贷利率主要根据借款人信用等级和借款期限计算决定，且网络借贷平台的资金管理方式为独立的第三方银行托管模式。然而，由于在缺乏完善的信用评级体系的大环境和缺少专业的独立第三方信用评级机构的背景下，我国 P2P 网络借贷交易平台借款方的信用评级主要依靠网络借贷交易平台自身的评级制度，平台面临的信用风险比国外 P2P 网络借贷交易平台相对来说要大得多。国内 P2P 网络借贷交易平台的借款利率主要来自借款人自行设定的利率，但由于我国借款人专业知识不足，风险意识不高，很多借款人不惜以高利率为代价来取得所需资金，这样的做法增加了资金成本，也放大了信用风险。同时，我国大多数 P2P 网络借贷交易平台都选择了第三方资金托管机构或平台自身资金托管方式而非银行等专业金融机构，此现象加大了资金被挪用的风险。

第四节　互联网金融——P2P 网络借贷平台风险控制实证研究

一、中国 P2P 网络借贷平台主要风险

P2P 网络借贷因其快捷、便利的优点吸引了大量公司进入，到 2016 年年底，我国 P2P 网络借贷平台已达到 5877 家，但随着 P2P 网络借贷行业的高速发展，问题平台数目也激增至 2016 年的 3429

家，占平台总数的58%。① 这说明我国P2P网络借贷平台仍有着较高风险，通过整理资料和分析，我们将P2P网络借贷平台的风险分为平台共有风险和不同运营模式下的特有风险。

（一）中国P2P网络借贷平台的共有风险

中国P2P网络借贷平台共有风险主要分为借贷双方的信用风险、P2P网络借贷交易平台的相关风险和其他风险三类。

1. 借贷双方的信用风险

信用风险是指借贷双方通过平台完成交易后，交易一方在规定的期限内没有或不完全履行合同规定的义务，给另一方带来经济损失的风险。信用风险主要包括借款方信用风险、投资方信用风险和P2P网络借贷交易平台信用风险三个方面，这里把借款方信用风险和投资方信用风险汇总到一起分析，因为这是P2P网络借贷交易平台风险中的首要风险。

借款方信用风险又分为借款方的违约风险和非法吸收公众投资的风险。借款方的违约风险是指，借款方不能依照合同规定的期限按时还款，给投资方带来经济损失的风险。当前，中国的信用信息不完善，个人征信体系不健全，商业征信和民间征信尚处于发展阶段，且缺乏专业独立信用评估机构。而通过网络借贷平台进行的借贷交易，投资者正是依靠借款者的信用情况做出判断进而进行投资。在这种信息不对称和借款方信用信息极度匮乏的大背景下，投资方根据有限信息做出准确判断的概率大大降低，借款方违约的现象频频出现，投资方面临的违约风险较大。非法吸收公众投资风险的根本原因也是因为借款方的真实身份和信用信息借贷平台和投资方无法准确获得，这就给心怀不轨的借款方提供了机会。有些借款人在多个P2P网络借贷平台上以虚构身份散布虚假资金需求信息，将筹集到的资金用于股票投资和房地产投资等，更有借款人将筹集到的资金以高利贷的形式贷出以获取非法利得，这些行为严重损害

① 资料来源：中民普惠投资研究中心《P2P网贷规模增速改缓，提升金融安全背景下专项整治延期一年》。

了投资方利益，使投资方面临较大风险。

投资方信用风险主要是来自投资方通过 P2P 网络借贷平台洗钱的风险。当前，我国并未出台专门针对 P2P 网络借贷行业的相关法律法规，对于 P2P 网络借贷交易平台的监管也处于空白状态，给洗钱的不法分子提供了新的通道。同时，由于互联网的隐蔽性和及时性等特点，相关监管部门追踪投资方的资金也更加困难，P2P 网络借贷行业存在较大的投资方信用风险。

2. P2P 网络借贷交易平台的相关风险

P2P 网络借贷交易平台的风险主要有信用风险、流动性风险、操作风险和技术风险四类。

除了借贷双方的信用风险外，P2P 网络借贷交易平台自身也存在信用风险。由于 P2P 网络借贷交易平台的监管尚未健全，相应的准入制度尚未建立，P2P 网络借贷交易平台吸收的资金也未集中在独立第三方机构进行管理，一些不法分子假借互联网金融名义，并以高额收益率为诱饵，大量吸收投资人的资金，进行诈骗、圈钱等不法活动。这些网络借贷交易平台在最初成立时就以个人揽财为目的，并不为借贷双方提供相应中介服务，假借 P2P 网络借贷之名，实施恶意圈钱跑路方犯罪活动，给投资方带来极大风险。

P2P 网络借贷交易平台流动风险主要是指平台的资产和负债存在数量差和时间差。中国 P2P 网络借贷的借款方绝大多数是中型或小微型企业，所需要的借款金额较大且期限较长，与之相对的大多数投资方却是个人投资，投资金额少、期限短并且较为分散。在这种情况下，P2P 网络借贷平台就需要根据资金需求方对资金数量与时间的要求，将借款方标的拆成多个份额，并匹配多个投资方。这中间就可能会产生资金的数量和期限匹配不上的风险，从而导致平台资金链断裂。还有一些大额的借款标的，到期后不能偿付，也会造成流动性风险。

操作风险主要分为两种：一种是 P2P 网络借贷交易平台缺乏相应的专业工作人员和流程制度，平台内部存在较大风险；另一种是没有独立第三方资金托管的网络借贷交易平台挪用用户资金的风险。第一种风险是由于平台自身发展速度过快或刚刚成立，与之相对应的运营模式、部门分工、人员素质和工作流程尚未建立，再加上平台内部信息机制和审核机制不完善，就很容易发生坏账现象，给投资带来不同程度的损失。第二种风险是由于投资者的资金需要通过 P2P 网络借贷交易平台进行操作，但这些资金的监管处于真空状态，再加上平台内部没有合理的资金管理制度，这就为 P2P 网络借贷交易平台卷款跑路提供了便利条件。

技术风险主要表现为主观方面的黑客刻意攻击并窃取用户个人信息和客观方面的平台技术薄弱两方面。在主观方面，与传统银行相比，P2P 网络借贷的网络安全性是特有的风险，此风险主要来自于网络黑客的袭击。黑客一旦攻击平台，平台网站就无法正常进入，进而使投资人对平台的安全性产生质疑，严重时甚至会发生挤兑事件，造成平台资金链断裂。有些黑客还会侵入平台的数据库，盗取投资方的个人信息后，将用户信息贩卖给他人或直接利用信息去银行开户，这直接威胁了投资方的资金安全。对于很多平台而言，针对黑客的防御技术还有待提高，平台面临较大的技术风险。在客观方面，P2P 网络借贷交易平台系统不论是采取外部公司定制还是公司内部研制，都可能会出现由于业务量过大而产生系统过载现象，会造成投资人数据混乱或错误等情况，存在较大技术风险。

3. 其他风险

其他风险主要包括法律风险和道德风险两类。

法律风险是指 P2P 网络借贷交易平台在日常的经营和业务活动中，违反法律法规给用户造成经济损失的风险。就当前我国 P2P 网络借贷行业的情况来看，国家并未出台相关的法律法规，行业处于无法可依的情况，监管制度也尚未明确。平台非法吸收投资方存款、逾期不能偿还投资方投资和平台圈钱跑路的经济案件时有发生，属于法律风险高发区。具体来说，法律风险中主要包括民事法律风险和刑事法律风险两类。民事法律风险主要包括电子合同安全性风险、用户信息泄露风险、逾期违约风险等；刑事法律风险主要包括平台非法吸收公众存款、平台或借款人涉嫌诈骗、投资方进行洗钱等。

道德风险是指，从事经济活动的人在增加自身效用的同时做出不利于他人效用的行为进而带来的风险。我国 P2P 网络借贷行业是新生行业，国家尚未出台相应的法律法规，也没有完备的监管制度和行业运作流程，一些道德败坏的人就抓住这些漏洞，进入 P2P 网络借贷行业。一些平台的管理者发布虚假融资信息、随意拆标，有些甚至涉及集资诈骗，这些不道德的人严重败坏了行业的名声，给整个 P2P 网络借贷行业带来了极大的负面影响。

（二）不同运营模式下中国 P2P 网络借贷交易平台的特有风险

在之前的小节，我们对国内 P2P 网络借贷交易平台运营模式进行了划分，现结合网络借贷交易平台共有风险进行不同运营模式下 P2P 网络借贷交易平台特有风险的分析。不同运营模式下的特有风险主要分为业务模式下的风险、有无担保模式下的风险和债券转让模式下的风险三种。

1. 不同业务模式下的特有风险

不同业务模式下的风险主要分为纯线上运营模式风险和有线下结合的运营模式风险两种。

对于纯线上运营模式的网络借贷交易平台，其主要风险为借款方信用风险和平台操作风险。由于缺乏完备的个人信用体系，纯线上运营模式的平台只能依据借款方提供的银行流水证明和其相关资产证明进行信用评级，缺乏对借款方的实际调查，可信度和真实性较低，平台面临的借款方信用风险较大。纯线上运营模式的平台还会因为平台自身操作流程及制度不规范，出现泄漏客户信息、未能及时有效通过健全的审核制度选择高质量借款人的情况，使平台操作风险较大。

对于有线下模式相结合的网络借贷交易平台来说，经营风险成为其主要风险。与纯线上运营模式相比，有线下模式的 P2P 网络借贷交易平台会对借款方提供的个人信息进行实地调查，这样借款人信用风险就得到了有效控制。但与此同时，线下模式也给平台的经营带来很多不便之处。首先，线下实地调查需要花费比纯线上操作更多的人力物力，所需的经营成本就随之提高；其次，进行考察时，对调研人员的专业水平要求较高，这样平台在人力资源方面的投入就需加大；最后，不同地区的政策也不相同，有线下模式的网络借贷交易平台需要不断适应变化的环境。

2. 有无担保模式下的特有风险

以有无担保模式划分的网络借贷交易平台的特有风险主要包括纯中介型运营模式风险和有担保复合型运营模式风险。

纯中介型运营模式的 P2P 网络借贷交易平台不对投资人的本息担保，仅为借贷双方提供中介服务，既不参与实质性的借贷交易，也不专门设立风险准备金，所以网络借贷交易平台本身不存在较大的风险。然而在国内尚未建立完善的个人信用体系的背景下，无担保的网络借贷交易平台在开拓市场和吸引客户资源上是非常有限的，这样平台很难获得投资方的资金，面临的经营风险较大。另外，由于没有担保，P2P 网络借贷交易平台对借款客户的审核也相对较松，投资者会面临较大的借款人信用风险。

对于有担保的复合型网络借贷交易平台，担保机构对借贷双方的资金供给和需求提供担保，一旦借款方发生逾期违约或坏账，担保机构就要动用担保账户下的资金以偿还投资方的本息，这些坏账就转到了担保机构名下。在这种运营模式下，对于投资方来说，借款人的信用风险大大降低，但相应的，担保公司就因为担保而承担了所都借款人风险。

3. 债券转让运营模式下的特有风险

在有债券转让的运营模式下，平台会产生的特有风险主要有流动性风险、资金池风险和非法集资三种风险。流动性风险主要来自专门贷款人对债券进行拆分后，债券的期限和利率会发生变化，若不能匹配合适的投资方，贷款人的贷款压力就会增大，流动风险也将随之而来。资金池风险则源于平台信息透明度不高和交易人员复杂两方面，在有债券转让的模式下，借贷双方之间还存在专门的贷款人，平台资金管理就更为复杂，经营信息也更难获取，容易产生平台资金沉淀等风险。有债券转让模式的平台因为流程相对复杂，信息也更加不透明，一些平台就借此漏洞，以债券转让的形式发布虚假信息进行自行融资，造成了平台非法集资风险。

二、借款方信用风险影响因素实证模型

通过对 P2P 网络借贷平台风险进行分析后可知，在当前国内征信体系不健全，监管制度不完善的情况下，网络借贷交易平台面临的主要风险即为借款方信用风险。平台是否能有效控制借款方信用风险，成为 P2P 网络借贷平台发展的关键性因素。本节主要介绍了选取的实证模型和相关数据。

通常，经济计量模型中的被解释变量往往是连续的。但在借款方信用风险衡量模型中，面对的则是选择问题，即只需要知道借款人有无违约行为。对于这样的被解释变量，应选用离散的数据来表示，并采用离散选择模型与之对应。

在离散选择模型中，若被解释变量只取两个值，即在两个可选择的方案中选择其中一个，这样的模型被称为二元选择模型。二元选择模型是为了研究有特征的个体做某种选择而不做另外一种选择的概率。因此，应关注的核心为被解释变量响应①概率：

$$P(y_i = 1 \mid x_i,\ \beta) = P(y_i = 1 \mid x_0 x_1 x_2 \cdots x_k) \tag{4-1}$$

公式（4-1）中，x_i 表示全部自变量在样本观测值点 i 上的样本数据构成的矢量，β 是系数构成的矢量。为理解被解释变量响应概率，可讨论线性概率模型，即假定等式右侧的概率是自变量 x_i 和系数 β_i 的线性组合，即为：

$$y_i = \beta_1 x_{1i} + \beta_2 x_{2i} + \cdots + \beta_k x_{ki} + u_i \tag{4-2}$$

但线性概率模型容易产生两个问题：第一，概率模型的随机扰动项存在异方差，使得模型参数估计失效；第二，尽管仍可使用 WLS 进行估计，但不能保证估计结果 y_i 的拟合值落在［0，1］区间内。为了克服线性概率模型的不足，考虑如下所示的二元选择模型：

$$P(y_i = 1 \mid x_i,\ \beta) = 1 - F(-\beta_0 - \beta_1 x_1 - \cdots - \beta_k x_k) = 1 - F(-x_i'\beta) \tag{4-3}$$

公式（4-3）中，x_i 是包含常数项在内的全部自变量所构成的矢量。

① 被解释变量取“0”或者“1”。

F 是取值范围严格介于［0，1］区间内的概率分布函数，满足连续要求。

三、数据说明

（一）资料来源介绍

对国内 P2P 网络借贷交易而言，其相关数据基本只能从用户发生在借贷平台上的借款交易中获取。由于 P2P 网络借贷平台在中国起步较晚，平台信息透明度不高，并且没有专业数据检测机构对借款人借款信息进行收集和整理，这些情况给本节实证的进展带来了困难。为了解决资料来源问题，本节通过爬虫软件对“拍拍贷”官网上呈现的借款方交易信息进行抓取，得到了借款信息、借款人特征和借款人历史借款情况等相关数据。在“拍拍贷”平台上，任意借款人的每一笔借款信息都对应着单独的网页，网页上储存着相应借款信息，并对应着唯一一个以借款编号结尾的 URL①，例 http：//invest. ppdai. com/loan/info？id = 34720142，该网址上存储着借款方此次借款的借款金额、借款利率、借款期限、借款人年龄、借款人性别、借款人历史成功借款次数和失败次数等信息。

本节选用了“集搜客”爬虫软件，通过软件建立相关数据的抓取命令，并通过抓取命令对“拍拍贷”平台网站页面上借款编号为 34710000~34729999 共 20000 个借款信息和借款用户个人信息进行收集。由于网站用户信息资料填写不规范、网站变更或删除相关借款信息因素的影响，收集的数据会有乱码、借款信息不完整、数据出错等情况。通过对收集到的数据进行整理和筛选，最终确定了 6093 组用来研究借款方信用风险影响因素所需的数据。

（二）数据初步分析

“拍拍贷”是中国第一家 P2P 网络借贷平台，成立于 2007 年 6 月，是一家由工商部门批准，获得“金融信息服务”经营范围，

---

① 统一资源定位符。

并得到政府认可的互联网金融平台，也是当前国内所有 P2P 网络借贷交易平台中规模最大、用户最活跃的借贷平台。截至 2016 年 12 月“拍拍贷”平台注册用户达 3500 万，平台成交量达到 198.78 亿元，全年共发生 711 万笔借款，产品影响力、客户数、交易规模等方面均在行业内占据靠前位置。所以本节以“拍拍贷”网站上的借款用户作为研究对象，从借款信息（借款金额、借款年利率、借款期限）、借款者特征（借款者性别、年龄）、历史借款情况（成功借款次数和失败借款次数）三个方面共选取七个影响借款方信用风险的自变量，进行 P2P 网络借贷借款方信用风险的实证研究。

借款信息包括借款金额、借款年利率和借款期限三个指标。借款金额是指该笔借款中借款方所需的资金总数；借款年利率是指借款方为了取得所需资金付出的融资成本；借款期限是指借款方结合自己借款需求，对所借资金承诺的还款时间。

借款者特征包括借款者性别和年龄两个指标。研究数据中，借款者性别有女性和男性两个样本，为了方便研究，将女性赋值为“0”，男性赋值为“1”；借款者年龄即为借款人向平台提供的其自身年龄。

借款方历史借款情况中包括借款人历史成功借款次数和失败借款次数。借款人历史成功借款次数代表借款人在此次借款前成功借款的次数；失败次数为借款人在此次借款前流标和撤标的次数之和。整体来看，历史成功借款次数和失败次数两个指标都反映了借款方在网络借贷交易平台上的活跃程度，历史借款次数越多的用户，其活跃程度也就越高。

本节从“拍拍贷”官网上共取得了 20000 组数据，去除数据乱码、数据缺失和出错数据后，总共得到 6093 组有效数据。在这 6093 组数据中，未出现违约行为的有 4107 组，出现违约行为（即存在信用风险）的有 1986 组，违约率为 32.59%。在对取得数据中借款人特征（借款人性别、借款人年龄）进行初步分析后，得到表 4-5 所示结果。

表 4-5　　　　　　　　**“拍拍贷”借款人特征分布**

个人特征		样本数	违约数	占样本比率	占违约比率
年龄	18~25 岁	2871	904	14.84%	45.52%
	26~31 岁	2042	673	11.05%	33.89%
	32~39 岁	894	327	5.37%	16.47%
	40 岁及以上	286	82	1.35%	4.12%
性别	女	1134	410	6.73%	20.64%
	男	4959	1576	25.87%	79.36%

从表 4-5 中可以看出，借款人年龄段在 18~25 岁、26~31 岁两个阶段的违约数占总共违约数的 79.41%，远远高出其他年龄段，且随着借款人年龄的增加，借款人数和违约率都呈现下降趋势。在借款人性别方面，男性人数远远大于女性，且男性借款人的违约占比几乎为女性的四倍。

四、研究设计

P2P 网络借贷交易平台借款方信用风险影响因素研究设计主要包括样本选取、变量构建和主要变量定义与描述三个方面。

（一）样本选取

本研究从“拍拍贷”官网上获取了有关借款人借款金额、借款年利率、借款期限、借款人性别、借款人年龄、历史成功借款次数和失败借款次数七个指标的数据，并将数据分为三大类别即借款信息（借款金额、借款年利率、借款期限）、借款者特征（借款者性别、年龄）、历史借款情况（成功借款次数和失败借款次数），作为研究借款方信用风险影响因素的基础。数据全部来自“拍拍贷”官网，以借款人的借款信息为基础，选取借款编号为 3410000~342999 共 20000 个借款项目的用户信息为样本。为了保证相关数据的完整性和可靠性，删除了数据不完整的借款信息，最终确定了 6093 个借款用户信息进行研究分析。本节通过“集搜客”爬虫软件建立抓取程序，对“拍拍贷”官网上的用户借款项目信息进行挖掘。

（二）变量构建

本节以“拍拍贷”网站的借款项目相关指标为基础，从获得的指标中确定被解释变量和解释变量。

为了准确衡量P2P网络借贷平台的借款方信用风险，本节选择借款方是否存在违约行为来表示P2P网络借贷交易中借款方的信用风险，即被解释变量为借款方是否违约，若借款方有违约记录，则用“1”表示，若借款方没有违约记录，则用“0”来表示。并选用二元选择模型中的“Logit模型”和“Probit模型”来分析P2P网络借贷交易平台中借款方的信用风险。

本节选择了借款信息、借款者特征、历史借款情况三方面共七个指标作为解释变量，从借款信息、借款者特征和历史借款情况三个方面来衡量不同指标对借款方信用风险的影响程度。研究数据中有女性和男性两个样本，为了方便研究，将女性赋值为“0”，男性赋值为“1”，并对相应数据做赋值处理。

（三）主要变量定义及统计分析

表4-6是主要变量的名称定义和描述表，主要对被解释变量借款方信用风险，解释变量借款金额、借款年利率、借款期限、借款者性别、借款者年龄、历史成功借款次数和失败借款次数这八个变量，进行名称和符号定义并简单对变量进行描述解释。

表4-6　**变量定义及描述**

变量名称	符号	变量描述
信用风险	risk	表示借款方有无违约行为
借款金额	money	借款人借款金额
借款利率	rate	借款人为借款提供的利率
期限	time	借款人借款的期限

续表

变量名称	符号	变量描述
年龄	age	借款人年龄
性别	gender	借款人性别
成功次数	success	借款方借款成功的次数
失败次数	fail	借款方未借款成功的次数

表 4-7 是对从“拍拍贷”网站上获取的 6093 组借款人交易信息进行简单统计分析后得到的结果。通过统计风险可知，作为被解释变量的借款方信用风险（risk）的平均值为 0. 326，最大值为 1，最小值为 0。解释变量借款金额（money）的均值为 1993. 64，借款利率（rate）的均值为 14. 8%，借款期限（time）的均值为 6. 66，借款人年龄（age）的均值为 26. 99，借款人历史成功借款的次数（success）均值为 2. 29，失败次数（fail）的均值为 3. 92。

表 4-7　　　　主要变量的统计分析

Variable	Mean	Median	Maximum	Minimum	Std. Dev.	Skewness	Kurtosis
money	1993. 635	1250	30000	119	2015. 548	3. 384542	25. 64457
rate	0. 148029	0. 12	0. 36	0. 11	0. 063517	1. 94595	5. 602454
time	6. 658039	6	24	0. 23	4. 377635	0. 081547	1. 931029
gender	0. 813793	1	1	0	0. 389306	-1. 612198	3. 599184
age	26. 98522	26	54	18	6. 208358	1. 116239	4. 450809
success	2. 285714	1	29	0	3. 078778	2. 944271	15. 06369
fail	3. 921675	3	61	0	4. 079229	6. 189398	61. 7411
risk	0. 326108	0	1	0	0. 468826	0. 741878	1. 550383

五、实证分析

为了研究 P2P 网络借贷平台借款方信用风险的影响因素，本节着重探究“拍拍贷”官网上借款方借款交易中借款金额、借款年利率、借款期限、性别、年龄、借款人成功借款次数、失败次数对借款方信用风险的影响。采用的计量模型如下：

$$risk = c_1 \times money + c_2 \times rate + c_3 \times time + c_4 \times gender + c_5 \times age + c_6 \times success + c_7 \times fail + \varepsilon \quad (4\text{-}4)$$

模型（4-4）中，借款人信用风险 risk 为因变量，c 为系数。money、rate、time、gender、age、success、fail 为自变量，ε 为随机扰动项。通过 Eviews 统计分析软件，运用二元选择模型进行“Logit 检验”和“Probit 检验”，实证结果如表 4-8 和表 4-9 所示。

表 4-8　**“拍拍贷”网络借贷交易平台借款方信用风险影响因素 Logit 检验结果**

变量	系数	Z 值	P 值
MONEY	−0.000048***	0.000016	0.003000
RATE	2.014396***	0.442001	0.000000
TIME	−0.031770***	0.006675	0.000000
GENDER	0.217670***	0.065660	0.000900
AGE	−0.0103161***	0.003224	0.001400
SUCCESS	0.169465***	0.013301	0.000000
FAIL	−0.134354***	0.012047	0.000000

注：*** 表示在 1%的水平下显著。

表 4-9　**“拍拍贷”网络借贷交易平台借款方信用风险影响因素 Probit 检验结果**

变量	系数	Z 值	P 值
MONEY	−0.000028***	0.000010	0.003300
RATE	1.193589***	0.269492	0.000000
TIME	−0.018507***	0.004016	0.000000
GENDER	0.132478***	0.040154	0.001000

续表

变量	系数	Z 值	P 值
AGE	−0. 006109***	0. 001973	0. 002000
SUCCESS	0. 107488***	0. 008129	0. 000000
FAIL	−0. 080376***	0. 007105	0. 000000

注：*** 表示在 1%的水平下显著。

从表 4-8 和表 4-9 可知，“Logit 检验”检验结果和“Probit 检验”检验结果非常相似。这七个变量对借款方信用风险的影响都十分显著。其中，借款金额、借款期限、借款者年龄、借款人历史失败借款次数这四个变量对借款方信用风险呈现显著负相关影响，其余三个变量借款年利率、借款者性别和借款人历史借款成功次数对借款方信用风险呈现显著正相关影响。

由实证结果可知，借款人的借款金额、借款期限与借款方信用风险之间呈现显著的负相关，因为通过 P2P 网络借贷平台进行借款的资金需求方多是出现短期资金周转困难的中小型企业或是个人，其所需的资金总额一般较小，且借款时间也较短，但这些小额、短期的借款更容易出现期未能按约定偿还本金和利息的情况，这就造成了借款方的逾期违约行为，导致借款金额、借款期限与借款方信用风险之间呈现出负相关。借款人的借款利率与借款方信用风险之间呈现显著的正相关，由于借款利率越大，借款方承受的偿还本金和利率的压力就越大，这使得借款方违约风险大大提高，从而造成借款利率与信用风险之间呈现正相关关系。

借款人性别与借款方信用风险之间呈现正相关，这表明男性借款人的信用风险要高于女性。借款人年龄与借款方信用风险之间呈现负相关，表明借款人的年龄越大相应的违约风险会变小，由于年龄大的用户经济来源相对稳定，因此发生违约的可能性就随之降低。历史成功借款次数与信用风险之间呈现正相关关系，出现这种现象是由于当前国内 P2P 网络借贷行业的征信体系和监管制度不完善，造成一些借款人为达到融资目的而虚构历史成功借款次数或恶意刷级，这些行为加大了违约行为的发生，提高了借款方的信用风险。借款人历史借款失败次数与信用风险之间存在负相关关系，这表明资金供给方在选择投资标的时会剔除那些失败借款次数较多的资金需求方，而把资金借给历史借款记录较好的借款方，即历史失败借款次数越多的借款方，其实现融资需求的机会相应减少，与之对应的信用风险也变小。

六、研究结论

通过对“拍拍贷”网络借贷交易平台借款人的借款数据进行实证检验，从借款信息（借款金额、借款年利率、借款期限）、借款者特征（借款者性别、年龄）、历史借款情况（成功借款次数和失败借款次数）这三个方面对借款方信用风险的影响因素进行深入研究，得到如下结论：

与借款信息相关的借款金额、借款年利率、借款期限这三个变量，都对借款方信用风险有较为显著的影响，这表明借款方信息对互联网借贷交易的信用风险有一定影响。借款金额和借款期限与借款方信用风险呈现负相关关系，这主要是由于网络借贷平台上进行贷款的借款人一般都是为了暂时并借用小规模的资金来解决遇到的资金周转困难情况，由于其借款存在时间短和金额小的特点，其违约风险就增大，容易发生逾期还款现象，增大了借款方的信用风险。在借款信息中，借款年利率也是重要的影响变量。利率是借款方的融资成本，借款方提供的利率越高，当借款到期时其所面临的还本付息压力也就越大，这就增大了借款人发生违约的可能性，即借款年利率与借款方信用风险之间存在正相关关系。

在借款者特征中，主要有借款人性别和年龄这两个变量。从实证结果来看，这两个变量对于借款方信用风险都有影响，且借款人性别与借款人年龄相比，对信用风险的影响更加明显。在借款人性别这一解释变量中，男性的违约风险高于女性，这是因为男性相较于女性承担的经济压力更大，从而会增大其发生违约行为的可能性。对于借款人年龄这一变量，借款人年龄与信用风险呈现负相关关系，这是由于进行 P2P 网络借贷的多为年轻用户，其经济基础比较薄弱，容易出现资金不足无法按期还款的情况，而年龄大的用户，其经济基础比较稳定，信用风险也就比较低。

在借款人历史借款记录方面，成功借款次数表示资金需求方在此次借款前已经实现的借款次数，次数越高代表着借款人的信用越好。但在国内征信体系不完善又无相应监管制度的背景下，一些借款人为了筹集到资金，不惜造价或者采用恶意刷级的方法来增加个人的成功借款数来误导投资者，这种做法使得借款人成功借款次数对借款人信用风险产生正相关影响。与成功借款次数相对的失败借款次数表示借款人在此笔借款前未成功取得借款的次数，它与借款方信用风险呈现出负相关关系。这表明，资金提供方在做出借款决定前会查阅此项借款中借款人历史的借款情况，借款人失败借款次数越多则说明此借款人可信度较低，这样借款后出现违约的可能性就增加。投资者就会排除历史借款失败次数较多的融资者，转而把资金投给历史借款失败次数较少的融资者，所以出现失败次数对信用风险产生负相关影响，即借款失败次数越多的借款方，其能得到的投资机会就会相应减少，出现信用风险的概率也随之降低。

第五节　中外 P2P 网络借贷平台的风险控制方法及改进意见

一、中国 P2P 网络借贷平台的风险控制方法

由于目前我国 P2P 网络借贷交易平台风险控制存在的问题主要体现在交易平台内部风险控制系统不完善、信用评价及用户信息审核制度不健全，外部社会信用体系缺失、法律监管制度不足这两大方面。本节在对比分析国内外主要风险控制方法的基础上，从网络借贷平台内部和平台外部两个角度入手，提出相应的改进建议，进而提高我国 P2P 网络借贷平台的核心竞争力。

二、中外 P2P 网络借贷平台的风险控制方法

（一）中国 P2P 网络借贷平台的风险控制方法

本节对中国 P2P 网络借贷平台的风险控制方法，主要从借款方信用风险层面和 P2P 网络借贷平台内部控制层面来进行分析。

1. 借款方信用风险控制的方法

在当前 P2P 网络借贷法律法规与个人信用系统不健全的情况下，借款方信用风险是 P2P 网络借贷交易平台和投资方面临的首要风险。而目前，针对借款方信用风险控制的方法主要是由 P2P 网络借贷交易平台自发进行的，主要包括线上借款方信用审核、线下借款方信用审核、风险准备金制度和第三方机构担保四种风控方法。

第一种线上借款方信用审核的方法是指，中国 P2P 网络借贷平台较为主流的风控方法，这种方法通过标准化的评分评级体系对借款方进行评估，从而提高网络借贷交易平台的效率。当前，国内 P2P 网络借贷交易平台采用的信用评级体系，多参照国外的 FICO 个人信用服务体系。例如，国内的“拍拍贷”和“人人贷”都通过与公安部、工商局等政府部门合作的方式，核实平台上用户及企业提供的信息是否属实。在此基础上，平台还增加了对用户车辆、婚姻状况、学历认证等其他因素的考察，并对借款方的还款行为进行评分，最后结合用户的基本信息和还款记录来综合评定用户信用积分。对于借款方来说，信用积分是其信用凭证；对于投资方而言，平台提供的用户信用积分是其投资前参考的主要依据。

第二种线下借款方信用审核的方法是指，通过平台派出专人对用户信息进行实地考察。宜信平台是国内线下信用审核的代表，其线下审核的内容主要包括实地询问和信息资料审核两个步骤。通过线下审核的方式，可以有效降低投资方发生经济损失的风险，但是这种方法存在效率低、人力资源成本高的不足。

第三种建立风险准备金制度的方法是指，平台设立专用风险准备金以应对借款方的违约风险。网络借贷交易平台的首期准备金一

般来自平台的自有资金，后续资金则从向借款方收取的服务费用中扣除。例如，国内的“拍拍贷”就采用风险准备金制度，规定借款方逾期还款超过三十日，平台就启动违约偿付制度，从风险准备金中提取相应金额偿付投资方。为了防止平台挪用风险准备金，国内多家网络借贷交易平台与商业银行合作，将平台风险准备金在银行进行独立托管，这有效提升了平台风险准备金的作用。

第四种第三方机构担保的方法是指，对于可能发生的资金风险，P2P 网络借贷交易平台采取担保方式来保障投资方的资金安全。最常见的担保模式根据担保方不同，分为融资性担保模式和一般担保模式。这两种模式的代表企业及优缺点如表 4-10 所示：

表 4-10　　**P2P 网络借贷平台担保模式介绍**

担保方	担保方式	代表平台	优点	缺点
融资性担保公司	平台依靠其金融集团下属担保公司进行担保，发生违约时提供全额代偿	陆金所 红岭创投	规定担保资产与注册资本之比小于 10，保障了投资人的相关利益	担保公司违反规定，超规模担保
一般担保公司	由独立第三方机构在借款方违约时，进行代偿或债权收购	人人贷 有利网	担保机构可加强对借款方信用审核；投资方利益得到保障	担保公司会在确认借款方完全无能力时才进行代偿，条件较严格

2. P2P 网络借贷平台内部风险控制的方法

P2P 网络借贷平台内部风险控制方法主要集中在平台的产品设计、分散投资和资金托管三个方面。

在 P2P 网络借贷交易平台产品设计方面，目前主要有通过竞标推广产品和资产证券化两种方式。在第一种产品下，平台主要为借贷双方提供中介服务，为借款方和投资方的交易提供平台。为了方便投资方对标的的选择，平台会根据借款方提供的个人信息和历史还款情况，给出借款方个人信用评分以供投资方参考，投资进度也完全由投资方自己把握。在这种产品设计下，网络借贷交易平台自身的风险较小，投资方有更多的自主权。国内这类平台的代表是“拍拍贷”和“人人贷”。在第二种产品下，平台将债权拆分，向投资方出售债权，投资方在购买产品时并不了解借款方的信息，平台是通过与投资方签订合同来设计产品。这种产品设计大大降低了投资方面临的借款方信用风险，但是网络借贷交易平台承担的风险较大。宜信就是这类产品设计的代表平台。

因为 P2P 网络借贷行业的不确定因素较多，投资方面临的风险较多，P2P 网络借贷交易平台一般会建议投资人分散投资。例如国内平台人人贷，当投资人单笔投资金额超过五万元时，平台就会给其推荐有关的其他投资项目，供投资人选择，起到分散投资降低风险的作用。

网络借贷交易平台资金托管是为了保证过渡账户资金安全，防止平台圈钱跑路、挪用资金的方法。国内的资金托管方式主要分为独立第三方机构托管和银行托管两种形式。以汇付天平台为代表的独立第三方机构托管模式逐渐受到 P2P 网络借贷行业的关注，但由于互联网借贷风险较大且单笔资金规模较小，绝大多数银行不会参与其中进行资金托管。目前仅有人人贷、红岭创投、宜信等大型网络借贷交易平台与银行有资金托管合作。与独立第三方托管机构相比较而言，与银行合作的网络借贷交易平台安全系数更高。

（二）国外 P2P 网络借贷平台的风险控制方法

国外的网络借贷交易平台主要通过提高借款方准入条件、建立信用评级制度、设立风险准备金制度、进行分散化投资、实施第三方资金托管等方法来降低风险，加强对风险的控制。

1. 提高借款方准入条件

国外一些 P2P 网络借贷交易平台通过提高借款方准入条件的方法来降低平台风险发生的概率。例如，美国的 Prosper、Lending Club 以及英国的 Zopa 网络借贷交易平台都设定了借款方的准入条件。Prosper 平台要求注册用户都拥有美国合法公民身份和足够的个人信用评分，同时还需提供税款缴纳证明和银行账户信息，通过平台的信息审核条件后用户才能注册成功；Lending Club 则对小型借款企业有企业至少提供 20%股份作为担保的条件，在项目设立的初期也只对有经验且了解投资项目风险的投资方开发；Zopa 则要求借款方必须提供个人身份证明、信用记录以及收入证明等相关信息。

2. 建立信用评级制度

国外发达国家有较为完备和成熟的征信体系，网络借贷交易平台一般不用投入过多的资金和时间去了解用户的相关信用信息，其可直接从商业征信机构处获取借贷双方的信用数据。这些商业征信机构拥有完善的体系，收集的个人信用数据真实、完整，P2P 网络借贷交易平台可在此基础上对用户构建有效的信用评级机制。美国的 Prosper 和 Lending Club 平台均通过 FICO 信用评分和征信局提供的数据来获得用户的信用信息，并在此基础上进行用户信用评级。英国的 Zopa 也同样采用构建借款人信用评级的方法来区分不同等级的借款人。

3. 设立风险准备金制度

国外有严格的借款人准入制度和完善的商业信用体系，这使得借款人信用风险大大降低，但有些平台为了更大程度保证投资人的资金安全，设立了风险准备金制度，当借款方贷款出现违约情况时，平台就会调用风险准备金替借款方偿还投资方的本金和利息。英国的 Zopa 网络借贷交易平台就是国外设立风险准备平台中的代表。Zopa 平台的风险准备金来自借款人提交给平台的手续费，平台收取手续费后将其中的一部分存放至独立的第三方信托机构，风险准备金一旦托管后，平台就失去了准备金的任意支配权，资金只能用于偿还借款方超期未偿还的本息。

4. 进行分散化投资

投资学中的“不把鸡蛋放进同一个篮子”原理对 P2P 网络借贷行业也同样适用，分散化投资可以有效降低投资人的投资风险，保障其资金安全。P2P 网络借贷交易平台 Zopa 就十分重视分散化投资。为了降低投资方可能遇到的借款风险，Zopa 采取分散化投资的方法，将每个投资方提供的资金至少覆盖五十个借款方，而不是仅仅提供给一个借款方。这样，即使出现了借款方不能按时偿还资金的情况，投资方面临的风险也小了许多。

5. 实施第三方机构资金托管机制

网络借贷交易平台实行第三方机构托管制度以降低平台圈钱跑路、挪用平台资金的风险。Lending Works 就采取第三方机构资金托管制度。平台收取的客户资金在非盈利的独立第三方公司进行托管，与平台的日常运营隔离。在这种机制下，用户资金完全由第三方机构负责保管，并通过第三方公司偿还到期债务，这大大提高了投资方资金的安全性。

（三）国内外P2P网络借贷平台风险控制方法比较分析

与国内网络借贷交易平台相比，国外P2P网络借贷交易平台提高了借款方的准入门槛，降低了借款方信用风险。此外，国外平台有着一个明显的优势是有完善的商业征信体系支持，能获取更完整的用户信息，在此基础上，平台通过严格的信用评级制度，将借款用户划分为不同信用等级以供投资方选择，并进行强制性分散投资。通过这一系列制度和流程的执行，将可能遇到的风险降至最低。

与国外平台相比，首先，我国P2P网络借贷平台面临最大问题就是缺少专业的独立第三方信用评级公司和完善的商业信用评级体系，平台只能根据用户自身提供的信用信息进行信用评级，又因为缺少相应的监管部门，有些借款人为了实现自己的借款目标进行造假活动，这使得平台提供给投资人的信用评级信息可信度降低，投资方面临的借款方信用风险较大。其次，由于国内P2P网络借贷平台数量繁多，且增长速度较快，不少平台面临较大的竞争压力，在竞争面前，网络借贷交易平台为了扩大自身规模、吸引更多客户，选择了降低用户进入门槛的方式。这种行为短期来看可能会为平台带来一定的收益，但长期来看平台将面临较大的信用风险，是一种不可持续的发展方式。最后，由于我国P2P网络借贷行业为新生行业，平台自身运营能力有限，虽然也建立了风险备用金和第三方托管资金制度，但当信用风险发生时，网络借贷交易平台的偿还能力依然有限，导致无法有效抵御风险以保障投资方的利益。

三、网络借贷平台内部风险控制改进建议

中国网络借贷交易平台内部风险控制改进建议主要包括平台内部风险制度设计的改进建议和平台内部风险控制的改进建议两个方面。

（一）P2P 网络借贷平台内部风险制度设计改进建议

有关制度设计的改进建议主要从 P2P 网络借贷交易平台的信用风险、流动性风险和操作风险这三个方面提出。

对于 P2P 网络借贷交易平台的信用风险，平台应设立并执行财务制度，不自设资金池来保证投资方资金的安全。网络借贷交易平台的信用风险主要来自平台取得的投资人资金并未集中于第三方机构进行管理，存在平台诈骗、圈钱跑路的风险。从国外 P2P 网络借贷平台的营运模式来看，虽然有不同之处，但是平台在风险控制上有一个共同点，即通过平台进行的借贷交易中涉及的资金，都由独立第三方机构的专设账户来管理以保障用户资金安全。这样，网络借贷交易平台的作用仅为提供了中介服务，这种资金管理方式可有效杜绝网络借贷交易平台诈骗和圈钱跑路的风险，也避免网络借贷交易平台卷入资金供需双方的经济纠纷，保证了网络借贷交易平台平稳、健康地发展。国内平台与国外平台相比，运营模式存在不规范现象，一些平台自设资金池，这提升了平台信用风险，无法保障用户资金安全。因此，中国 P2P 网络借贷平台也应设立并严格执行财务制度，杜绝平台自设资金池行为的发生。

流动性风险主要来自资金金额或期限的错配，导致平台出现不能按时偿还投资方的本息和。对于此种风险，网络借贷交易平台应设立完善的产品制度，不接过大贷款标的项目。在国内，一些刚成立的小型网络借贷交易平台，自身借贷经验缺乏，却承接了过大标的的贷款，这样的做法提升了平台的流动性风险。对于大多数国内网络借贷交易平台的投资人，他们需要的是金额小并且期限较短的

投资产品，但实际上，不少网络借贷交易平台为了收取中介费用，提升自身的收益，完全不考虑投资人的需求以及其面临的风险，只要有借款人，不考虑借款的额度。这样的做法会导致投资人资金金额和期限与借款人提出的标的不匹配，从而出现资金链断裂情况，给投资人带来经济损失。所以，国内 P2P 网络借贷平台应设立完善的产品制度，平衡借款人和投资人的双方需求，以保障投资人的资金安全，降低平台的流动风险。

针对 P2P 网络借贷平台的操作风险，平台应制定规范的操作流程和合理的制度，以降低平台的操作风险。由于国内 P2P 网络借贷行业是新兴行业，网络借贷交易平台内部员工的操作流程和平台制度不完善，又加上互联网具有虚拟性、隐蔽性的特点，网络借贷交易平台存在较大的操作风险。这就需要平台在原有操作流程的基础上，结合实际交易中遇到的不同问题，不断完善平台的内部环境管控、平台目标设置、交易风险识别、交易风险评估和事后反馈这几个主要流程。除此之外，还要提升网络借贷交易平台员工的素质，提高选用员工的标准，通过合理的人才引进机制吸收更多优秀人才为平台服务，并加强对员工的后期培训，提升员工质量，从而降低平台的操作风险。

（二）P2P 网络借贷平台内部风险控制改进建议

中国 P2P 网络借贷平台目前面临的主要风险为借贷双方的信用风险，而为了降低借贷双方信用风险，P2P 网络借贷交易平台必须对平台内部的风险控制体系进行改进，从贷前防范、贷中控制和贷后监督及反馈三方面入手，形成一个动态机制。

对于借贷交易发生前的风险控制，P2P 网络借贷平台应该加强对用户个人信息的核实并重点了解用户的信用状况。目前政府尚未将公民的个人信用信息，且相应的商业征信体系也不完善，网络借贷交易平台上，用户提供虚假信息进行非法活动的事件时有发生。针对这种情况，网络借贷交易平台必须要详细、认真审核用户的个人信息，应要求资金需求方除了提供个人的身份信息外，还应提供例如借款用途、个人资信状况、收入证明和偿还能力证明等可以证明本人有良好信用的资料。网络借贷交易平台应提高用户的准入门槛，对于不能提供完善的个人信息资料和不能证明自己信用良好的借款人，平台应拒绝其贷款要求。平台还应建立完善的信用评级制度，对用户进行信用评级，并按照级别决定用户能否进行借贷交易，并确定相应的借款金额、期限和利率。

在借贷交易发生过程中，P2P网络借贷平台应确保用户信息资料安全和交易资金安全。首先，网络借贷交易平台在对借款方发放贷款之前，平台财务人员要对每一笔贷款交易进行认真审核，确定交易的借贷双方人员信息、借贷金额、期限和利率在安全的范围内，并进行多人多次复核后，再发放贷款以避免由人员操作失误带来的风险；其次，网络借贷交易平台应不断提升平台抵御黑客攻击的能力，定期升级平台的防御系统以保护用户的个人信息等资料，防止资料泄露；最后，网络借贷交易平台要及时对用户的信息以文本和电子两种形式进行备份，并根据用户在平台进行的交易情况不断更新借贷双方的个人信息，确保用户个人资料的安全性和完整性。

针对借贷交易发生后的风险控制，P2P网络借贷平台应着重对贷款进行追踪，并及时整理归纳追踪信息。第一，平台应对借款人对资金的使用状况、是否按规定偿还本息、是否有延期还款现象等相关信息进行全面的风险评估和管理；第二，平台应加强对逾期款项的追收，详细记录逾期款项的金额、时间，对逾期次数较多、所欠款项较多的用户，调整其信用级别以保障投资方的资金安全；第三，平台高管应结合历史信息，对平台业务进展可能会面临的信用风险、流动性风险、操作风险、技术风险和政策风险等进行了解和分析，并根据分析结果及时调整公司的相应战略以促进平台自身的发展。

四、网络借贷平台外部风险控制改进建议

中国P2P网络借贷平台外部风险控制改进建议主要包括P2P网络借贷行业监管体系的改进建议、P2P网络借贷行业自律体系的改进建议和P2P网络借贷行业配套服务体系的改进建议三个方面。

（一）P2P 网络借贷行业监管体系的改进建议

P2P 网络借贷行业需要有配套的监管体系，由于 P2P 网络借贷平台有明显的类金融身份，因此需要相应的金融监管部门对其进行监管。从监管全局来看，P2P 网络借贷需要中国人民银行和中国银行业监督管理委员会的共同监管。人行的主要职责就是协调国内金融行业的健康、有序发展；银监会的主要职责是统一监管、维护金融行业的稳健、良好运行。因此央行和银监会应联手，将 P2P 网络借贷行业纳入其监管范围中，制定相应监管制度，确保 P2P 网络借贷行业的健康发展。从地方监管来看，各省市应建立相应的职能办公室，专门对 P2P 网络借贷行业的监管和准入负责，并应与当地的工商部门协作，对 P2P 网络借贷平台进行登记备案、审查企业资格并签发 P2P 网络借贷行业准入证明。

（二）P2P 网络借贷行业自律体系的改进建议

P2P 网络借贷行业自律体系的改进，应从建立 P2P 网络借贷交易平台行业协会和成立 P2P 网络借贷交易平台自律委员会两方面入手。首先，由于目前国内存在 P2P 网络借贷行业信用体系不完善，行业内平台规模参差不齐，平台运营时信息披露制度不健全等问题，建议应成立 P2P 网络借贷交易平台行业协会。P2P 网络借贷交易平台行业协会主要需负责建设 P2P 网络借贷个人征信信用体系，并要加强与商业银行的合作，通过资源共享等方式，力求共同建成覆盖整个社会的个人征信体系。P2P 网络借贷交易平台行业协会还要加强与公安部门的合作，将征信信息与公民个人信用结合起来，并在公民身份联网核查系统中加入个人信用情况等信息，真正做到把公民信用融入社会生活的每个方面。其次，由于国内 P2P 网络借贷行业存在法律法规和监管体系缺失等问题，建议应设立 P2P 网络借贷交易平台自律委员会。P2P 网络借贷交易平台自律委员会应肩负制定 P2P 网络借贷行业准入标准、P2P 网络借贷行业相应监管制度的职责。最后，其还要配合中央整体层面上法律法规的落实，并加强与 P2P 网络借贷交易平台行业协会的合作，共同促进 P2P 网络借贷行业的信息交流和披露，增强 P2P 网络借贷行业的透明度。

（三）P2P 网络借贷行业配套服务体系的改进建议

与 P2P 网络借贷行业配套的服务体系主要包括第三方资金托管机构、第三方担保机构和独立第三方网站三个方面，因此，相应的改进建议也应从这三方面入手。第一，P2P 网络借贷平台应采用第三方资金托管机制，将用户资金与平台自有资金分离开来，以杜绝 P2P 网络借贷平台对用户资金挪用的风险。而相对可行的第三方托管机构应包括第三方支付公司和商业银行。第二，P2P 网络借贷平台应与第三方担保机构合作，实现“去担保”以保障平台的健康发展。近些年，P2P 网络借贷平台自身对资金项目进行担保的行为被认为存在极高的风险，因此，P2P 网络借贷平台应与第三方担保机构协作，共同促进 P2P 网络借贷行业的平稳发展。主要的第三方担保机构应包括融资性担保公司和保险公司。第三，应建立独立第三方网站。由于目前国内 P2P 网络借贷行业的规范和统计口径尚未健全，独立第三方网站的建立就显得尤为重要。独立第三方网站的主要作用应分为两个方面，一方面，可为政策规范的制定方提供较为客观的数据依据，帮助制定方了解 P2P 网络借贷行业的发展现状，使其制定出更为合理的政策制定；另一方面，也可便于 P2P 网络借贷平台之间的相互了解，方便 P2P 网络借贷交易平台通过相应数据分析自身在行业中的位置情况。独立第三方网站在 P2P 网络借贷平台的信息披露、数据统计和风险防范等方面发挥着巨大作用，有利于其健康、有序的发展。

第五章　其他互联网服务业

第一节　互联网医疗

一、互联网医疗起源

“互联网+”时代的到来为我国医疗行业带来了变革之风。互联网医疗在我国的发展还处在刚起步的阶段。从最早的医疗学术研究成果、医学案例互通，逐步发展到医学交流平台的建立，再到现在的互联网医疗商业运营模式的初步成形。近年来，互联网医疗机构如雨后春笋般冒出，例如平安好医生、春雨掌上医生、碳云智能科技等。这些医疗平台的出现引起了社会广泛关注，并且得到了政府、投资人、医院、医生、患者多方面的认可。表 5-1 为艾瑞咨询 2016 年独角兽企业估值榜中互联网医疗企业排行，排名前三的为平安好医生、华大医学以及微医集团。平安好医生以估值 30 亿美元名列榜首。平安好医生 2014 年 8 月成立，总部设在上海，为中国平安集团旗下全资子公司。它提供的主要服务为健康社区、线上问诊、家庭医生等。华大医学以估值 29.5 亿美元名列第二，主要致力于全球多组学精准检测、医疗数据运营服务提供等。这两家企业以绝对的优势成为了互联网医学界的领军企业，排名第三的微医集团估值仅 15 亿美元。微医集团旗下微医网创立于 2010 年，集预约挂号、在线问诊、远程会诊、电子处方、药品配送等服务于一体，为患者提供了较为完善的就医服务。

表 5-1　　　　**中国主要互联网医疗企业估值排行**

排名	企业名称	成立时间	估值	近期融资
1	平安好医生	2014 年	30 亿美元	A 轮
2	华大医学	2010 年	29.5 亿美元	C 轮
3	微医集团	2010 年	15 亿美元	F 轮及以后
4	春雨掌上医生	2011 年	9.2 亿美元	C 轮
5	碳云智能科技	2015 年	8.8 亿美元	A 轮
6	丁香园	2000 年	8.5 亿美元	C 轮
7	新氧	2013 年	4.6 亿美元	C 轮
8	健客网	2007 年	4.6 亿美元	A 轮
9	七乐康	2001 年	4.6 亿美元	B 轮
10	1 药网	2010 年	4.2 亿美元	D 轮
11	好大夫在线	2006 年	4.0 亿美元	C 轮
12	美柚	2013 年	3.0 亿美元	C 轮
13	趣医院	2013 年	2.7 亿美元	B 轮
14	医联	2014 年	2.7 亿美元	B 轮
15	华领医药	2011 年	2.5 亿美元	C 轮
16	上药云健康	2015 年	2.3 亿美元	A+轮

资料来源：艾瑞咨询《2016 年中国独角兽企业估值榜：TOP300》。

互联网医疗最成功的案例以及最初的起源应该说是美国凯撒永久医疗集团。它的起源可以追溯到 1933 年，Garfield 医生在加州某水利工程工地上开设了一家诊所，但他发现以往的医疗就诊模式导致诊所的收入完全取决于是否有工人受伤或者生病，这样医院很难维持稳定的收入。于是他想了一个办法，让每一位工人进行预付医疗费用，工人们定期支付少量费用，生病时就可以享受医疗服务。在这种模式下，诊所为了减少治疗开支，他就得让工人平常尽量少受伤或者生病，这就由以往的生病才有收入转变成了预防工人生病才能节约成本，从治疗疾病变成了预防疾病，从非固定收入转变成了固定收入。无疑这对诊所还是工人来说都是双赢的局面。

1938 年企业家 Kaiser 发现了这一模式的商机，他与 Garfield 医生共同推进了该医疗模式的发展，推出了永久健康计划并于 1945 年对公众全面开放。经过不断的发展，美国凯撒永久医疗集团现在是全世界最大的医疗集团，它拥有 13 万医院员工，全球超过 900 万会员，是最大的健康维护组织（Health Maintenance Organization）①。为了提高信息交换速度、扩大信息交换地域、减小信息失真率，凯撒集团发射了专属人造医疗卫星，电子病历管理、专家会诊、医生培训、医患关系维护等凯撒集团成功实现了线下到线上的完美整合。这种模式成本低廉、服务高效，就医流程被优化，医患关系也得到了极大的改善。无疑，凯撒永久医疗集团的医疗模式是值得我国借鉴的：凯撒集团崇尚患者至上的服务理念，重视医院服务文化推广，摆脱了以“产品销售”为导向的运营思维模式，并最终实现了保险与医疗一体化。

二、互联网医疗现状

（一）互联网医疗发展阶段

互联网医疗包括了以互联网为载体和技术手段的健康教育、医疗信息查询、电子健康档案、疾病风险评估、在线疾病咨询、电子处方、远程会诊及远程治疗和康复等多种形式的健康管家服务。根据经济学生命周期理论，互联网医疗生命周期可分为四个阶段：探索期（初步实现医疗信息化，各类经营模式处在探索阶段）、启动期（信息交换速度提升，医院、患者、供应商等相关方逐步加入，资本开始涌入该行业）、高速发展期（互联网医疗市场规模处在高速增长阶段，各类型领头企业逐渐成形，商业模式成形）以及成熟期（龙头企业诞生，商业模式成熟化，行业内开始出现并购、重组，资源进行优化再分配，市场规模进入平稳增长阶段）目前

① 数据来源：Chun-Wai Chan 医生在“发现医疗实践”2015 年健康峰会上演讲整理，该会议由健康界传媒、北京协和医学院和中国研究型医院学会主办，西京医院、纽约长老会医院联合主办。

我国互联网医疗处在高速发展期。大量资本涌入互联网医疗市场，数据显示：远程问诊、基因检测、健康数据分析、医药电子商务、女性经期护理、医生工具和社区是几个高估值领域，受到广大投资机构的青睐。各类互联网巨头企业也不愿放弃这一块“肥肉”，纷纷做出相应战略布局，例如阿里巴巴支付宝推出的“未来医院计划”已经在北上广等城市与多家医院达成合作意向，阿里健康联合滴滴出行推出免费送名主刀医生上门服务。腾讯与宝莱特、翰宇药业、北京银行等多方签署了互联网医疗相关协议，在慢性疾病管理、智能医疗设备以及“京医通”几大领域达成进一步合作意向。虽然，各大巨头互联网企业涉足医疗领域，各上市公司也参与布局，但目前没有形成成熟的盈利模式以及完善的“线上、线下”服务闭环。在此高速发展期，新模式的尝试一方面受到政府监管、患者信任、医护人员质量、药品管理等多方面的挑战；另一方面，这些挑战就像一只“无形之手”，加速筛选出真正适合我国国情的医疗模式。

（二）互联网医疗市场规模

我国互联网医疗起步较晚，图 5-1 为互联网医疗、在线医疗以及移动医疗的市场规模。从 2014 年起互联网医疗市场规模开始迅速上升，处在高速发展阶段。从 2011 年的 50. 6 亿元到 2016 年的 257. 9 亿元翻了 5 倍有余。我国互联网医疗市场规模逐年攀升，《中国互联网医疗发展报告（2016）》指出：2015 年，我国互联网医疗市场规模达到 157. 3 亿元，增长率为 37. 98%。然而，根据调查显示，中国互联网医疗的市场需求还有足够的空间和潜力支撑其高速发展。这与我国基本国情以及医疗体系有关。

从市场规模来看，互联网医疗市场规模呈井喷式增长。互联网医疗正以前所未有的速度快速发展。图 5-2 为前瞻产业研究院对我国互联网医院行业市场容量的预测。该研究院认为互联网医疗的需求将会在未来数年不断攀升，预计到 2022 年中国互联网医院用户规模将达到 4. 27 亿人，若是以人均 60 元诊疗费测算，2022 年互

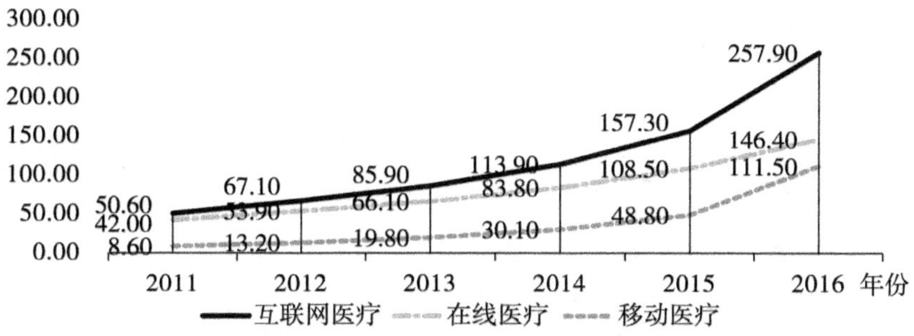

图 5-1　互联网医疗市场规模

资料来源：根据新闻整理。

联网医疗市场规模约为 256 亿元人民币。① 互联网医疗的出现对传统医疗模式产生了很大的冲击。首先，在过去的医疗模式中，病人需要到医院排队挂号就诊，而互联网医疗通过打破时空的限制，在网络上便可以进行初步的诊疗判断，大大地节约了医生与患者的时间与精力。其次，由于我国医疗资源分布不均匀，导致大多数优秀的医务人员集中在公立医院或者大型医院中，而一些偏远地区的城镇医院不仅在医疗人才上相对紧缺，在医疗设备、医疗技术方面也与大医院有很大的差距。这就导致部分地区居民无法享受到更好的医疗资源。而互联网医疗恰恰能够弥补传统医疗模式这一缺陷。通过互联网络，使得患者能够跨地域进行会诊。最后，互联网医疗有助于推动我国医疗市场的深入改革，使其能够更加完善的发展，避免出现医院医疗资源垄断的现象。在种种因素作用下，互联网医疗迅速渗透到国民生活中，并得到了大众广泛的认可。

互联网医疗市场的潜力巨大并蕴藏着无限的商机。众多企业纷纷布局各自互联网医疗产业战略。互联网巨头企业如百度、阿里巴巴、腾讯等均通过投资或者并购的医疗平台的方式涉入互联网医疗市场，而手机巨头企业如苹果、三星等则是通过推出各自的智能健康平台来涉入此类业务。除此之外，风险投资资本、应用开发商、

① 前瞻产业研究院《互联网医院行业报告》。

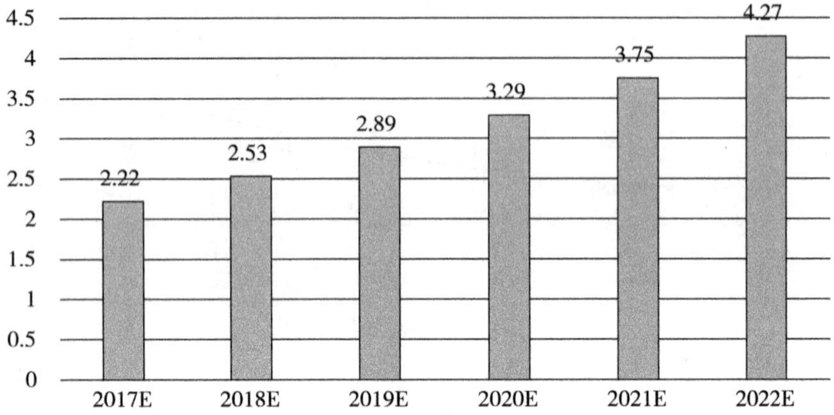

图 5-2 2017—2022 年中国互联网医院行业市场容量预测（单位：亿人）

资料来源：前瞻产业研究院《互联网医院行业报告》。

注：E 表示 Expected，是各年份用户规模预期值。

医疗设备制造商、医院、大数据企业等都通过不同角度涌入互联网医疗市场。不过，横向与纵向的涉入方目前还没有找到一个运作平衡点，市场依然呈现出白热化的竞争期，互联网线上巨头企业宏观布局，线下医疗整合却并没有一套系统、成形的互联网医疗运作模式，均处在探索阶段。相信在未来数年，互联网医疗的市场发展趋势将会逐步放缓，多方竞争格局会趋于稳定，运作模式将会得到进一步规范，医疗资源的利用效率进一步优化。

（三）互联网医疗用户使用率

图 5-3 为 2015 年与 2016 年互联网医疗用户使用率。在线医疗保健信息咨询及网络挂号使用率均在 2016 年超过 10%，尤其是网上预约挂号由 2015 年的 8. 3%上升至 10. 4%，可见网上预约挂号为医患双方提供的便利性、高效性得到了市场认可，挂号平台发展也趋于成熟，越来越多的医院开始使用网上预约挂号系统。

在线问诊领域已经有数家企业形成了规模化的互联网平台为患者提供疾病初步问诊，该领域的关键在于线上问诊与线下诊疗的过

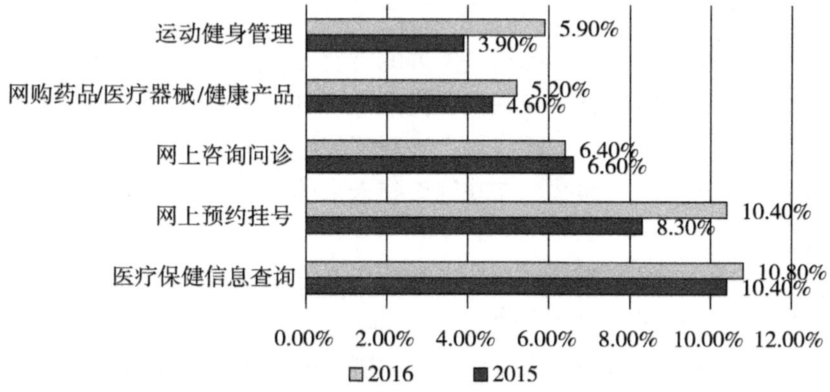

图 5-3 2015 年与 2016 年互联网医疗用户使用率

资料来源：CNNIC 中国互联网络发展状况统计调查 2016 年 12 月。

渡，平安好医生、春雨掌上医生、好大夫在线等平台运营模式均以此为主。这种模式受到广大患者的青睐，它大大节约了患者初期的问诊流程，患者可直接通过移动 APP 或者电脑客户端在在线医疗平台上预约值班医生进行问诊。医生通过判断病症，给予初步诊断并建议患者是否进一步前来医院就诊。除此之外，数据显示，我国一年约有 70 多亿人次的门诊量，而其中 60%是复诊患者，其中三分之二以上的复诊可以通过在线问诊完成。① 可以预见，在线问诊领域在未来数年，仍是互联网医疗的发展重点。线上问诊与线下医疗如何实现无缝对接，优化患者服务体验等问题亟待解决。

网络药品、器械、健康产品采购服务的使用率并不高，这属于互联网医疗电子商务类范畴。使用率暂时低下很可能是由于网络药品监管尚未成形，没有相关成熟的法律条例对此进行规范，采购者对网络采购医疗用品的认可度有待提高。质量的保证以及严格的监管体系是网络医疗器械、健康产品发展的核心。这一块还需要医疗生产厂商的自我道德规范，以及相关部门出台质量监管规定来进一步推动。

① 前瞻产业研究院《互联网医疗行业报告》。

三、互联网医疗未来发展趋势

医疗改革一直是国民经济发展的重要关注点，与互联网结合是未来发展的必然趋势。互联网医疗市场的迅速扩张是可以预见的。医疗服务需求又是强刚性需求，互联网能够在极大程度上优化传统的医疗服务体验。那么，互联网医疗未来的发展主要表现为如下几大趋势：

其一，市场扩张势头在未来数年仍会强劲，但将会以循序渐进的方式稳步前进。医疗体系的改革非一日之功，基于我国国情而言，互联网医疗市场不太可能出现大规模的产业结构重组。虽然各大互联网巨头企业均涉入并布局互联网医疗产业，但线上医疗体系的发展绝不可能脱离最根本的线下医疗体系的支持。而我国传统医疗行业布局早已成形，因此互联网医疗产业发展只会以缓慢的节奏逐步渗透进传统医疗行业。

其二，政策倾向推动互联网医疗行业进一步发展。互联网医疗产业发展会使多方受益。对国家而言，互联网医疗可以解决医疗资源严重分配不均的问题，将医疗资源进行有效的整合，实现全民健康。对医院而言，互联网医疗的引入能够降低成本，提高运营效率。对医生而言，一方面，互联网提供的会诊与交流平台可以帮助技术进步；另一方面，线上诊断让医患之间交流更加便利。对患者而言，互联网医疗能够节省大量繁琐的就诊流程。鉴于此，国家对互联网医疗的支持态度也趋于明朗。目前，互联网医疗的发展仍面临着一系列"政策坚冰"，例如，处方药未解禁，缺乏医保政策的支持等。不过，自 2015 年以来，相关部门出台了一系列文件和政策鼓励和支持互联网医疗发展。例如，2015 年 7 月 4 号在国务院发布的《关于积极推进"互联网+"行动指导意见》提出，积极推进"互联网+"的益民服务，加快基于互联网的医疗等新兴服务模式，推广在线医疗卫生模式。2016 年 3 月 11 日，国务院办公厅发布了《关于促进医药产业健康发展的指导意见》，其中专门指出积极开展智能医疗服务，发挥优质医疗资源的引领作用。这些文件的出台无疑是国家对互联网医疗产业发展的肯定。

其三，互联网医疗呈多元化发展。互联网医疗产业涉及广泛，比如，以健康教育和信息传递为主的医院院内系统，以患者社区为主的在线问诊，电子健康档案管理体系，以医生教育为主的远程学术交流平台，以社区为主的家庭医生保障体系，再到医疗机械采购，医药生产等。互联网医疗的多元化发展在未来几年将会体现得淋漓尽致。从碎片化切入整体化融合是互联网医疗产业的必经之路。

其四，互联网医疗监管体系不断完善，医药电子商务市场稳步发展。作为一个新兴产业，互联网医疗电子商务发展初期监管必然有所欠缺。而医疗相关用品的质量是采购者最关注也是最为担心之处。目前而言，互联网医疗电子商务市场没有预期的发展迅速，尤其是医药销售市场。这在很大程度上是因为处方药的网络销售权尚未开放。在未来几年，互联网医药质量监督体系形成，处方药网络销售权也有望开放，患者可以直接依照电子处方进行医药采购。医疗用品及药物相较于其他电子商务商品更加敏感，对质量的保证必须严上加严。医药电子商务的发展将会降低药物销售对医院的依赖性，医药电子商务市场会在未来几年稳步发展。

第二节　互联网教育

互联网产业的发展，使传统学校教育的垄断地位受到一定的挑战。越来越多的互联网教育机构得到社会各界的认可。互联网教育相较于传统教育有着得天独厚的优势，例如，教育形式更加多元化、突破传统教育时间和空间的限制、能够更加有针对性地进行教学等。但是，互联网教育对传统教育的冲击到底会产生怎样的影响？就目前来看，在国内教育体制下，互联网教育是无法完全取代主流传统教育的。不过，传统教育对互联网教育的接纳性非常强，众多高校已经开始开设远程教育课程、慕课（MOOC）等新兴教育模式。此外，互联网教育机构大大补足了传统教育的灵活性不足的问题，例如，GMAT、SAT、GRE、雅思、托福等出国留学外语考试培训。从整体上而言，一方面传统教育正不断利用互联网拓展自己的教学模式，提高教学效率及灵活性，另一方面互联网教育已然成为传统教育的补充和延伸，有利于优化教育资源的配置。

一、互联网教育起源

（一）国际互联网教育起源

我们都知道，美国在计算机技术、信息网络技术上一直处于世界前沿，互联网教育的发展也同样是从美国起源的。美国远程教育可以追溯到19世纪后期的函授课程。据数据显示，截至1930年，美国提供函授大学的数量已高达39所。随着信息技术的发展，教育工作者开始意识到计算机对远程教育的重要性，计算机使得远程教育信息交互更加迅速和便捷，也能够提供多样化的教学辅助手段。于是计算机辅助教学（Computer Aided Instruction，CAI）便出现了，例如美国传统的异步在线课程（Asynchronous Online Course，AOC）。再然后，电脑硬件配置的高速发展和互联网的普及率迅速提升，互联网教育得到了进一步发展：各类在线课程的开设、新兴媒体教学互动、学术研讨平台构建、电子图书网络互联等。2001年，美国麻省理工学院推出在线公开课，这一教学形式随后被众多高等院校所采纳，哈佛、耶鲁等世界一流大学也纷纷推出自己院校的特色公开课，引起很大轰动。哈佛、耶鲁这类大学有着很高的入学门槛，而在线公开课打破了这道门槛，使得更多的人能够享受到优质的教育课程。继在线公开课之后，2012年MOOC网络课程模式席卷全球教育界，MOOC网络课程是集在线授课视频、课程辅助教学、课后互动辅导等于一体的网络学习平台，它是在线公开课系统化的发展。综上，我们可以看到美国互联网教育发展的大致轨迹，相信网络技术的进步以及广大学者需求点的转变将会进一步推动互联网教育的更新换代。

（二）国内互联网教育起源

中国互联网教育业兴起于20世纪90年代中期。1994年底，我国开始建设“中国教育和科研计算机网”示范工程，1995 年初，中国教育科研网（CERNET）初步建成并投入使用。这是我国互联网教育兴起的开端标志。资料显示，国内互联网教育的发展历程可以大致分为三个阶段。

第一个阶段为 1998—2005 年，该阶段是互联网教育第一波浪潮。在 20 世纪 90 年代后期，互联网技术还尚未成熟，因此，多数的互联网教育产品还局限于文本文件，直到 2000 年，随着互联网技术进步，依托于互联网的教育才逐步起步，多媒体教育模式也得以创新，例如“三分屏”网络视频课件的使用等。

第二个阶段为 2006—2011 年，该阶段为教育逐步信息化阶段。在这个阶段，e-Learning 使得教育可以脱离传统的学校教育，完全依托于网络进行教学。不少企业看到了互联网教育的发展前景而步入该行业，各企业不断探索新的盈利模式。但是在这个阶段，很多企业因难以盈利而被迫退出。

第三个阶段为 2012 年至今，该阶段为在线教育高速发展阶段。网络游戏、电子商务市场逐渐饱和，进入缓慢发展阶段，互联网巨头企业开始把目光转向互联网教育。各种新的网络教育模式出现：慕课（MOOC）、可汗学院、翻转课堂、YY 教育等。同时，大量投资资金涌入互联网教育行业，据百度教育行业研究报告统计，2015 年互联网教育市场投资资金约为 1200 亿元人民币，其中 35%进入语言培训领域，24%进入职业教育领域，23%进入 K12 教育领域。表 5-2 为部分互联网教育企业的融资情况。

表 5-2　**部分互联网教育企业融资情况表**

企业名称	成立时间	细分领域	融资轮次	投资方	融资金额
九龙蓝海	2012 年	幼儿教育	A 轮	太证资本	1 亿人民币
智课网	2014 年	语言培训	A 轮	百度	1060 万美元
我赢职场	2009 年	职业教育	A 轮	中科院 VC-国科嘉和	3500 万人民币

续表

企业名称	成立时间	细分领域	融资轮次	投资方	融资金额
锐职教育	2004 年	职业教育	A 轮	腾讯基金	3000 万人民币
乐博乐博	2008 年	儿童教育	pre-A 轮	真格基金	1000 万人民币

资料来源：搜狐，《2015 年最具投资价值的互联网教育企业》，http://www.sohu.com/a/641393_107756。

近几年来，国家更是高度重视，并且从政策、经济上大力支持、推动互联网络教育。但是，我国同美国互联网教育相比，仍然存在很大的差距。

二、互联网教育定义及特点

（一）互联网教育定义

“互联网+”这个词最早是在 2012 年 11 月 14 日“易观第五届移动互联网博览会”上被提出的，而真正受到各界重视是在 2015 年 7 月 1 日，由国务院印发了《国务院关于积极推进“互联网+”行动的指导意见》。在该指导意见中，将对“互联网+”的理解为“把互联网的创新成果与经济社会各领域深度融合，推动技术进步、效率提升和组织变革，提升实体经济创新力和生产力，形成更广泛的以互联网为基础设施和创新要素的经济社会发展新形态”。并针对互联网教育专门指出：“探索新型教育服务供给方式。鼓励互联网企业与社会教育机构根据市场需求开发数字教育资源，提供网络化教育服务。鼓励学校利用数字教育资源及教育服务平台，逐步探索网络化教育新模式，扩大优质教育资源覆盖面，促进教育公平。鼓励学校通过与互联网企业合作等方式，对接线上线下教育资源，探索基础教育、职业教育等教育公共服务提供新方式。推动开展学历教育在线课程资源共享，推广大规模在线开放课程等网络学习模式，探索建立网络学习学分认定与学分转换等制度，加快推动高等教育服务模式变革。”

随后几年，相关组织部门又发布了《国家教育事业发展第十三个五年规划》《“十三五”国家信息化规划》《国务院关于统筹推进县域内城乡义务教育一体化改革发展的若干意见》等关于教育信息化的战略部署的重要规划和文件。在2017年教育部办公厅发布的《2017年教育信息化工作要点》通知中，明确了我国教育信息化在近年来的发展战略：以“构建网络化、数字化、个性化、终身化的教育体系，建设‘人人皆学、处处能学、时时可学’的学习型社会，培养大批创新人才”为发展方向，贯彻落实教育信息化“十三五”规划总体部署，按照“服务全局、融合创新、深化应用、完善机制”的原则，大力推动“四个提升”和“四个拓展”，充分发挥教育信息化对教育现代化的支撑和引领作用。由此可见，国家对互联网教育的推动发展相当重视。

（二）互联网教育特点

互联网教育的产生是推动教育现代化进程的新引擎，它打破了传统教育在时间与空间上的限制，给予了受教育者更多的选择性。与传统教学模式相比，互联网教育具有灵活化、个性化、多元化以及专业化四个特点。

（1）灵活化。我国现有的传统教育体制在开展全民教育方面存在许多局限性。首先，传统教育体制的受教育年龄段集中在6到25岁。6岁起大部分儿童开始接受九年义务教育，之后再是高中、本科、硕士阶段的学习。传统的教育模式需要师生面对面教学，多数情况在学校进行面授课程。那么，这需要老师与学生在特定的时间到特定的地方进行当面讲授。互联网教育与传统教育相比突破了“空间”与“时间”的限制，它通过互联网信息传播没有地域性限制，只要有电脑终端，就可以接收共享到互联网上的教育类信息。学员可以根据自身情况选择接受教育的时间与地点。

（2）个性化。传统的教育模式一般而言都有一套固定的教学大纲，所有教师都在大纲的基础上制定课程内容，这种模式过于固化，很容易跟不上信息时代的发展，让学员接受不到最前沿的教育内容。而互联网教育则更具有个性化特点。学员可以根据自身需求在网络上搜寻自己想要学习的课程，个性化安排和制订教育计划。

互联网打破“资源”限制，给受教育者，尤其是偏远地区的受教育者带来了便利。

（3）多元化。传统教育模式集中在书本学习以及面授、实践上。互联网教育的出现给传统教育提供了更多教育模式上的选择，使得教育信息传播方式更加灵活。随着互联网科技的发展，互联网教育在远距离教育方式上越来越灵活。比如，在接收教育信息方面，除了日常浏览网页信息，还有电子邮件、BBS、FTP、网络慕课、大学公共课堂等。多元化的教学模式让教育信息传播更加高效。不仅如此，互联网上集成了各专业、各层级、各时间段的教学内容可供学员自己选择。因此，互联网教育在教育内容上也具有多元化特点。

（4）专业化。正如之前所提到的，传统教育模式局限于教学大纲，而现有大纲旨在普及教育，教育内容设定要顾忌大众化的整体知识普及，会过于模糊和笼统。而互联网教育可以提供更加有针对性的专业化知识教育，它不仅简化了教学系统，更加注重局部专业深入，还大大提升了教学效率。

三、互联网教育发展现状

（一）国外互联网教育发展现状

1. 美国互联网教育发展现状

首先，美国是一个高度重视互联网教育发展的国家。美国互联网教育自 1992 年克林顿总统提出建设“国家信息基础设施”（National Information Infrastructure）之后进入快速发展阶段。1996 年，克林顿总统又提出了“教育技术行动”（Education Technology Initiative）并且为此制定了财政预算。政策的倾向与资金的支持，让美国互联网教育迅速发展起来。目前，美国已然成为世界上互联网络教育规模最大、教学质量最高的国家。当前，美国几乎所有高等院校都在传统教育基础上融入了互联网络教育，甚至于已经有高校开设了远程教育课堂并在结业后颁发相关毕业证书。各大网络学校之间非常注重互联网络教学平台的连接与知识的共享。2001 年，美国麻省理工学学院宣布在今后的十年内，将把所有的课程以及课程相关资料对外公布，让世界各国学者都能够共享到 MIT 的教学资源。这一举动后来得到了社会各界的好评。随后，美国各大高校纷纷效仿，开启了共享公共课程的浪潮。

此外，美国互联网络教育资源整合度之高是其他任何国家不能比拟的。自 1988 年起，美国教育部及美国国家教育图书馆联合发起了一个整合互联网络教育资源的项目，该项目被命名为“教育资源门户”（The Gateway To Educational Material，GEM）。这是一个资源目录性网站，以教育类信息为主体的搜索引擎，给使用者提供了极大的便利。

最后，美国互联网络教育有着自成一格的体系。成立于 1987 年的美国远程教育协会（United States Distance Learning Association）是美国第一个非盈利性远程教育组织。它致力于推动美国互联网教育发展，涉及教育领域广泛，其中包括：K12 教育、高等教育、继续教育、企业培训、军事和政府培训、家庭教育、远程医疗以及国内外远程技术教育。该组织影响着近 46%的互联网教育市场，在全球拥有近 2 万赞助商及工作者。① 当前世界上流行的慕课、开放学校、可汗学院几乎都是起源于美国。美国互联网络模式一直不断在创新并积极实践。这种以教学质量为导向的模式创新值得各国借鉴。

2. 澳大利亚互联网教育发展现状

澳大利亚的远程教育普及率较高，据统计，大约有 70%的人口有过远程教育学习经历。杨丽波、欧阳芙瑶、梁宏宝（2013）认为主要有两个方面原因造成澳大利亚高远程教育普及率。其一，澳大利亚地广人稀，人口分布不均匀导致教育资源满足不了需求。而远程教育则很好地弥补了传统教育在空间上的限制。其二，澳大利亚完善的远程教育质量保障体系让远程教育毕业者得到社会认可。澳大利亚成立了各类远程教育专业组织对远程教育进行指导和监督。政府也出台了一系列相关保证教程教育质量的政策与评估方

① 马晓玲，曹盼，邢万里，等：《远程教育：一个开放的新纪元——透视美国远程教育 2013 年会》，《远程教育杂志》2014 年第 2 期，第 67-75 页。

针。例如，澳大利亚成立的国家信息经济部（National Office for the Information Economy，NOIE）倡导的“建立国家门户网站基础服务”项目，该项目的目标就是开发终身学习框架。可以说，澳大利亚是世界上最重视远程教育发展的国家之一，政府对于远程教育的投入以及政策支持力度是相当之大的。

3. 亚洲各国互联网教育发展现状

陈丽（2012）对亚洲各国互联网教育体系进行了统计研究，总结了各国互联网教育质量保证体系的特点。亚洲各国由于国情不同，互联网教育发展模式相差较大，水平也参差不齐。

印度：2016 年，印度互联网渗透率仅为 27%，但是由于人口基数大，其网民数量以 3.55 亿排名第二。印度的互联网普及率有很大的发展空间，而互联网教育也随之兴起。让人意外的是，印度拥有全球最大的 K-12 学校系统。印度政府提出的“数字印度”推动了一波互联网教育高潮。

日本：日本互联网教育发展相对落后。日本开放大学是日本远程教育的代表大学，但是至今仍是以卫星广播电视作为主要的远程教育手段。以计算机为主题的互联网络教育仅仅是作为传统日本大学高等教育的辅助手段。我们猜测，日本互联网教育发展缓慢可能是由于日本国土面积过小、人口集中，因此传统教育足以满足国民教育需求。

新加坡：新加坡新跃大学是新加坡主要远程教育机构。它是新加坡管理学院受政府委托，与英国开放大学合作开发的项目。新加坡新跃大学的教育模式主要为合作办学，它与世界上 21 所优质大学进行教学合作。其中包括，新加坡国立大学、新加坡南洋理工大学、英国公开大学、中国香港公开大学、印度尼西亚大学、中国北京师范大学、中国南京大学、加拿大阿法巴斯加大学、美国纽约周丽大学水牛城分校等。不仅如此，新跃大学还与相关机构进行合作，例如新加坡工程师协会、劳动发展局等。可以说，新跃大学是新加坡互联网教学的枢纽，它致力于连接并整合各方教育资源，以点带面地推动新加坡互联网教育发展。

（二）我国互联网教育发展现状

2010年出台的《国家中长期教育改革和发展规划纲要（2010—2020）》中指出：

（1）加快教育信息基础设施建设。“信息技术对教育发展具有革命性影响，必须予以高度重视。把教育信息化纳入国家信息化发展整体战略，超前部署教育信息网络。到2020年，基本建成覆盖城乡各级各类学校的教育信息化体系，促进教育内容、教学手段和方法现代化。充分利用优质资源和先进技术，创新运行机制和管理模式，整合现有资源，构建先进、高效、实用的数字化教育基础设施。加快终端设施普及，推进数字化校园建设，实现多种方式接入互联网。重点加强农村学校信息基础建设，缩小城乡数字化差距。加快中国教育和科研计算机网、中国教育卫星宽带传输网升级换代。制定教育信息化基本标准，促进信息系统互联互通。”

（2）加强优质教育资源开发与应用。“加强网络教学资源体系建设。引进国际优质数字化教学资源。开发网络学习课程。建立数字图书馆和虚拟实验室。建立开放灵活的教育资源公共服务平台，促进优质教育资源普及共享。创新网络教学模式，开展高质量高水平远程学历教育。继续推进农村中小学远程教育，使农村和边远地区师生能够享受优质教育资源。强化信息技术应用。提高教师应用信息技术水平，更新教学观念，改进教学方法，提高教学效果。鼓励学生利用信息手段主动学习、自主学习，增强运用信息技术分析解决问题能力。加快全民信息技术普及和应用。”

（3）构建国家教育管理信息系统。“制定学校基础信息管理要求，加快学校管理信息化进程，促进学校管理标准化、规范化。推进政府教育管理信息化，积累基础资料，掌握总体状况，加强动态监测，提高管理效率。整合各级各类教育管理资源，搭建国家教育管理公共服务平台，为宏观决策提供科学依据，为公众提供公共教育信息，不断提高教育管理现代化水平。”①

教育信息化是指在教育领域（教育管理、教育教学和教育科

① 《国家中长期教育改革和发展规划纲要（2010—2020）》第十九章。

研等）全面深入地运用现代信息技术来促进教育改革与发展的过程。教育信息化的核心内容是教学信息化，其技术特点是数字化、网络化、智能化和多媒体化。若将教育信息化细分，可分为 K12 教育信息化、职教信息化、高教信息化。① 我国政府对教育信息化非常重视。互联网教育有助于缩小社会教育鸿沟，促进国民教育整体水平提升。教育信息化是实现全民教育、终身教育的重要手段之一。我国互联网络教育市场规模在近年来急速上升。但是我国互联网教育的发展仍然处在摸索前进阶段，互联网教育巨头企业尚未形成，而现有的互联网教育模式盈利能力也有限。由互联网教育研究院发布的数据显示，近三分之一的企业处在没有盈利乃至亏损的状况。图 5-4 为 2016 年互联网企业净利润统计。

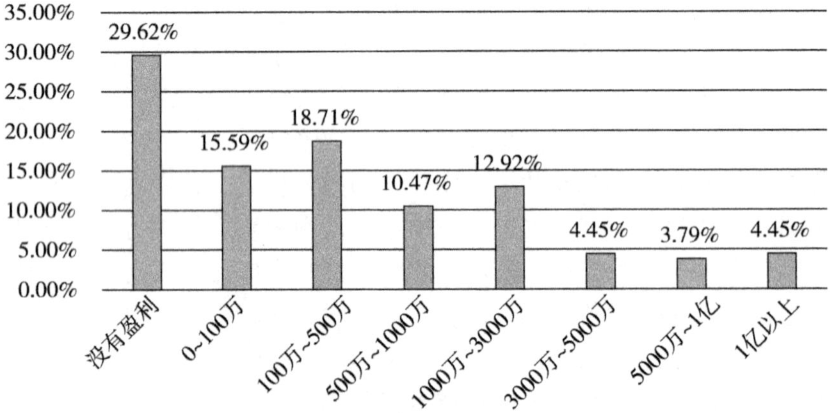

图 5-4　2016 年互联网教育企业盈利统计图

图表来源：互联网教育研究院，《2016 年互联网教育景气指数研究报告》。

当前，我国的主流的互联网络教育主要分为以下几类：（1）传统教学课堂使用互联网进行辅助教育。这一类互联网教育是传统

① 《最值得投资的互联网教育领域研究报告》，由互联网教育研究院 2016 年发布。

教育的延伸和补充，比如说2012年开始掀起的高等院校对慕课的开发与使用的热潮。清华大学、北京大学、武汉大学、上海交通大学等纷纷加入Courser和edX等慕课平台。随后，清华大学与交通大学开始自主研发构建慕课平台。可以说，慕课在我国已经逐步成形。据统计，从用户地域分布来看，慕课受众人群主要集中在北京、上海、广州、武汉、重庆等高校密集的城市，受众人群以在校大学生为主。不过，就目前而言，慕课缺乏有效的市场接受度。（2）职业性互联网络培训。这类互联网络培训主要是职业认证为主，例如托福、雅思、GRE等出过留学考试培训，公务员考试培训，私房资格考试培训等。职业化互联网络培训教育受众人群更加广泛，不再局限于在校大学生，更多的是职业人员进行进修学习、职业认证考试培训等。这类互联网教育市场大，但是类别分散。以应试教育，就业资格认证为主。根据互联网教育研究院预计我国在线职业教育规模未来几年将以15%～20%的速度增长，预计2017年市场规模将突破100亿元。（3）企业E-LEARNING培训。这是企业内部培训的一种新模式，借助内部局域网搭建平台，受众对象是企业员工。（4）除以上三类外，还有一些类似教育门户网站、网络论坛、教育频道等。

我国互联网教育业已经从前几年的“膨胀期”转化为现在的“整合期”，在现有市场规模中，体制内的教育信息化和体制外的K12阶段的专业性辅导培训是规模最大的。数据显示，教育信息化市场规模超过2000亿元，而K12在线教育规模也达到了千亿元规模。2015年是互联网教育业发展的高潮时期，投资事件共计333起，投资规模高达158.4亿元。表5-3为2015年千万元以上规模互联网教育企业融资表。而2016年数据相对回落，2016年互联网教育业投资事件共计280起，投资规模总计125.24亿元。① 与此同时，2016年新增了数百亿产业并购基金，上市公司倾向于通过成立互联网并购基因的方式加入互联网教育产业。例如，2016年

① 数据来源：《2016年互联网教育景气指数研究报告》，互联网教育研究院2016年12月发布。

11 月 1 日由拓维信息和农银国际成立的拓维教育产业投资基因，资金规模高达 20 亿元。虽然，互联网教育业发展势头强劲，但依然有诸多问题困扰互联网企业发展。我国互联网教育研究院经过调查发现，其中缺乏优秀人才以及资金不足是困扰企业最大的两大难题。

表 5-3　**2015 年千万人民币以上规模互联网教育企业融资统计**

时间	公司	分类	轮次	金额
2015 年 12 月 27 日	嘿设汇	C2C	C2C	具体金额未知
2015 年 12 月 28 日	华图教育	B2C	IPO 上市以后	4 亿元人民币
2015 年 7 月 20 日	顶你学堂	B2B	B 轮	4500 万元人民币
2015 年 6 月 11 日	星空琴行	C2C	C 轮	2000 万元美元
2015 年 4 月 21 日	美术宝	C2C	A 轮	3000 万元人民币
2015 年 3 月 12 日	中人教育	B2B	A 轮	1000 万元人民币
2015 年 2 月 2 日	驾考团	B2C	A 轮	具体金额未知

资料来源：根据新闻整理。

（三）我国互联网教育发展瓶颈

互联网教育在我国如火如荼地发展，但存在的问题不可小觑。这些瓶颈制约着互联网教育的发展。

第一，虽然众多企业开始重视互联网教育类业务，国家政策也不断向推动互联网教育倾斜，但是互联网教育行业内尚未出现有绝对优势的领军企业。互联网教育的推行仍然在摸索阶段，一方面盈利性企业尚在探索可行的互联网教育盈利模式；另一方面高等教育体系正在不断将互联网教育与传统教育相结合，从理论和实践中探寻如何提高现有的教育质量。

第二，互联网教育的范围领域有所局限。从长远上来看，互联网教育的渗透领域和渗透年龄段应该更加广泛。比如，从年龄段而言，推动终身教育重点应该在于如何让更多的中老年人继续学习，而目前互联网教育受众群体集中在 12～40 岁。从教育渗透领域而言，目前我国互联网教育主要还是集中在高等教育领域以及社会职业培训领域。然而在其他更多的领域，互联网教育也有巨大的发展空间。从地域性渗透而言，我国农村地区教育由于受到经济文化环境的限制，其受教育程度远远不能达到预期标准。而互联网教育是低成本、高效率渗透农村教育体系的方法之一。但是，目前互联网农村地区教育尚待建设。

第三，互联网教育新模式有待开发。互联网教育相比传统教育而言更加灵活，是个性化教育的体现。但是在现有的互联网教育模式中，传统教育理念还深深地影响着互联网教育模式的开发。我们要从根本上认识互联网教育不同于以往传统教育的特点，在实践中摸索出如何更能符合广大受教育者的需求，最大程度上优化教育质量。

第四，非盈利性教学平台搭建不足。2013 年 9 月 25 日，国家主席习近平在联合国“教育第一”全球倡议行动一周年纪念活动中发表重要讲话，他指出：中国会积极响应联合国倡议，坚定实施科教兴国战略，大力发展全民教育、终身教育，建设学习型社会。为了达成这个目标，非盈利性全民教育平台的搭建是势在必行的。而我国现有的平台远远不足于满足居民教育需求，各地方政府相关部门应重视非盈利性教育平台的搭建，积极推动互联网“公共服务体系”建设，让更多的居民有渠道享受互联网教育带来的便利。

第五，互联网教育社会认可度不足。互联网教育在社会上认可度虽然在不断提升，不过和传统教育认可度相比还相差甚远。许多用人企业只是把互联网教育当成一种附加参考。但是，学习者除了单纯地想要提高自身能力之外，更多需要的是在结业后企业对互联网教育结课证书的接受和认可。我国网络职业性培训机构数量众多，质量参差不齐，并且没有官方机构对互联网教育进行评级认证。这可能是导致互联网教育在社会上认可度不高的主要原因之一。

第六，互联网教育质量评定体系欠缺。相比于其他国家而言，我国互联网教育质量评定体系极度欠缺，互联网教育质量在社会上认可度较低。教育部及相关部门十分重视互联网教育的质量保证，这几年不断出台管理规定以此来规范互联网教育，并鼓励高等院校构建质量保证体系。可是收效甚微。互联网这类新兴教育模式的质量评估与传统教育的质量评估模式大为不同，丁兴富（2005）认为，远程教育质量观的建立应该与大众教育和终身教育的质量关保持一致。而我国目前在质量体系上尚未发布一套科学合理的互联网教育质量评估标准，这非常不利于互联网教育业的可持续发展，长期下去，各类互联网学校教学质量难以保证，参与学习者以及企业用人单位对互联网教育认可度也将大大降低。

第七，网络教育资源过于杂乱，整合度不高。与美国相比，我国没有建立一个规范化的教育资源门户，网络教育资源纷繁复杂，量大而分散，许多学者在网上寻找资源浪费了大量的时间与精力。这种情况下，远程教育的规模效益优势无法体现。

四、互联网教育未来发展趋势

互联网教育产业蓬勃发展有其必然性。结合我国国情，互联网教育未来发展有以下四大趋势：

第一，互联网教育平台不断优化，移动终端教育发展势头强劲。相较于坐在电脑前浏览网络信息，越来越多的年轻人更倾向于使用手机或者平板电脑等移动终端学习。根据中国互联网络信息中心数据统计，我国网民规模 2016 年高达 7.31 亿，而手机网民占比高达 95.1%。手机网民 6.95 亿且增长率连续三年超过 10%。① 事实上，不仅仅是互联网教育，互联网医疗、娱乐、电子商务等在未来几年的重心都将更多地放在移动应用的开发上。因此，基于移动网络客户端的互联网教育平台及教育产品会更受欢迎。例如，2016 年，由大连工业大学自主研发的国内第一款学生成长成才教育 APP“大学印象”上线后一年，注册人数高达 13000 余人。② 移动互联网平台教育体系的建设有助于使用者利用碎片化时

① 中国互联网络中心《中国互联网络发展状况统计报告》。

② 资料来源：辽宁大学生在线联盟：《大连工业大学喜获第五届全国教育改革创新典型案例“创新改革优秀校长奖”》，https://www.stuln.com/szdt/2018-01-24/Article_15352155.shtml。

间进行学习。

第二，资源整合平台建设，基于大数据的个性化服务。以上章节提到，美国有专门的门户网站对教育资源进行整合，大大优化资源搜寻以及资源交换，这正是我国目前互联网教育所欠缺的。因此，互联网资源整合型网站，应用以及系统工程将是互联网教育的发展重点。此外，基于大数据为使用者提供个性化服务，有针对性地推荐相关教育资源能够优化使用者的服务体验，有助于实现全民教育。

第三，大量资金涌入互联网教育市场，互联网教育生态体系逐渐成形。互联网教育市场的发展潜力必然会吸引风险投资资本进入。无论是K12还是职业教育，互联网教育横向生态体系会随着市场需求不断扩展。而其纵向垂直服务体系，从教育资源提供者到教育资源使用者也会通过不断地磨合缩小供需差异。互联网教育市场从零碎教育资源向体系教育资源过渡，各大互联网教育机构不断探索可持续发展的盈利模式，互联网教育生态体系逐渐形成。

第四，互联网教育与传统教育进一步融合，互联网教育认证机制形成。目前，互联网教育在社会认可度仍不及传统教育。在大学里，互联网教育虽然已经渗透到教学的方方面面，但仅仅是作为传统教育的延伸教育手段。脱离传统教育的互联网教育课程在社会上的认可度在未来会得到进一步提升。目前，我国互联网教育机构质量参差不齐，人才评估机构也无法全面掌握互联网教育信息。笔者认为，在不久的将来，我国也将会建立专门的互联网教育认证机制，规范互联网教育质量体系，让互联网教育不再仅仅是传统教育的补充。

第三节　互联网文化娱乐业

文化创意产业的生命力日益增强，其产品具有高附加值和高技术性的特点，文化产业的发展已经成为增强国家核心竞争力的关键推动力。影视娱乐产业是文化产业中重要的一部分，出于建设文化强国的需要，我国应当重视影视娱乐业的国际竞争力水平。从整体规模上来说，我国影视娱乐业有了长足的发展，总收入从 2006 年的 1156 亿元提高到了 2014 年的 3932 亿元；① 但在进出口方面，进口额保持增长，出口额却在低谷徘徊，产生了大额的贸易逆差。关于此类研究，已经有了相当数量的国内外文献。

一、互联网文化娱乐定义

我国民间对娱乐业的认识更倾向于影视方面。而事实上，国际尚未对娱乐业有一个较为准确且统一的定义。例如中国国民经济行业分类（2011）中有一项“R 文化、体育和娱乐业”的分类，其中又包括新闻和出版业，广播、电视、电影和影视录音制作业，文化艺术业，体育业和娱乐业五项。此处的娱乐业仅是狭义的娱乐场所的定义，例如室内娱乐活动、游乐场、彩票和公园等，不是本章想要讨论的范围。北美产业分类体系（NAICS）（2007）则在信息业下包含了电影和唱片业，而联合国教科文组织（UNESCO）在对文化产业进行定义时，界定了音像和交互媒体行业的范围。

互联网文化娱乐产业，顾名思义，就是依托于互联网而发展的文化娱乐产业。事实上，目前几乎 90% 以上的文化娱乐产业离不开互联网络。因为受到数据可得性限制，互联网文化娱乐业的数据较难获取，因此我们通过对我国娱乐产业的发展分析来代替互联网娱乐产业。

二、娱乐业发展现状

（一）我国娱乐业整体现状分析

近几年，我国娱乐业规模有较大发展。如图 5-5 所示，我国娱乐业总收入从 2006 年的 1156 亿元提高到了 2014 年的 3932 亿元，增幅达 240%。在 2013 年之前，总收入水平始终保持稳步的增长，只在 2014 年出现下降。这可以看出我国娱乐业总体发展趋势良好。从娱乐业收入结构来看，可以发现绝大部分都是电视收入，而电影

① 资料来源：国家统计局数据。

收入比例较小，且两者大体都呈逐年上涨的势头，除电视收入在2014年、电影收入在2012年分别有所减少。

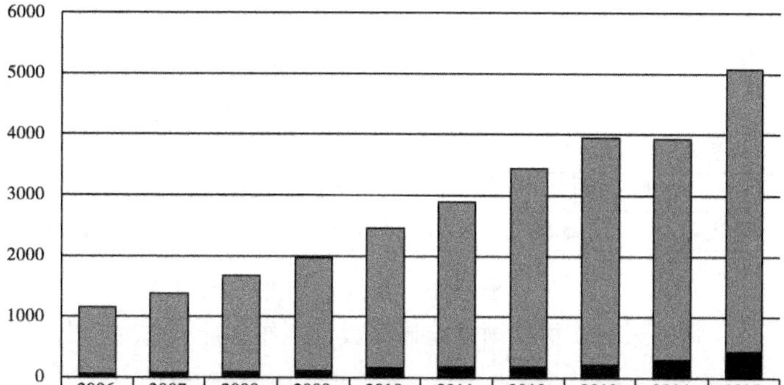

	2006	2007	2008	2009	2010	2011	2012	2013	2014	2015
■全国广播电视总收入(亿元)	1099.12	1316.4	1583.91	1852.85	2301.87	2717.32	3268.79	3734.88	3635.51	4634.56
■全国电影综合收入(亿元)	57.3	67.26	84.33	106.65	157.21	177.47	170.73	217.69	296.39	440.69

图 5-5　我国娱乐业总收入现状

资料来源：国家统计局数据。

如图5-6所示，就进出口情况而言，我国娱乐业早年处于顺差状态，但差额并不大，自2008年起首次出现贸易逆差，而且在2010年后保持逆差状态，且差额较大。出口方面，各年有起有伏，波动较大，很不稳定，尤其是在2010年娱乐业出口额陡降，减幅达到39%；进口方面，大体呈上升趋势，并从2010年开始增幅扩大，2014年更是同比增长了62%。接下来，再具体从电影、电视两方面分析。

电影业方面，如表5-4所示，进口片国内票房收入总额与国产片海外票房收入分别代表我国电影娱乐业进口和出口总额。首先结合图5-5，可以看到我国娱乐业国际贸易主要是电影方面，不论是进口还是出口，电影产业都占了相当大的一部分，反而是占国内娱乐业收入大部分比例的电视产业并未过多参与到国际竞争中去。由此也能发现，电影产业的顺逆差很大程度决定了我国娱乐业的贸易状况。将表5-4中“国产片国内票房收入”与“进口片国内票房收入”进行比较，可以看出国产片在国内票房中所

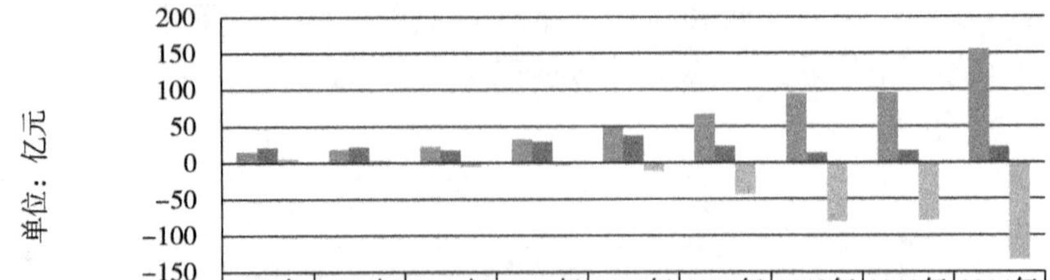

	2006年	2007年	2008年	2009年	2010年	2011年	2012年	2013年	2014年
■娱乐业进口总额	15.1514	18.4753	22.3221	31.8246	48.6847	66.2499	94.2234	95.8958	155.352
■娱乐业出口总额	20.794	21.4175	16.8476	28.6173	37.271	22.7262	12.9124	15.9166	21.4226
■净出口	5.64256	2.94215	-5.4745	-3.2073	-11.414	-43.524	-81.311	-79.979	-133.93

图 5-6　我国娱乐业进出口现状

资料来源：根据国家统计局数据经作者计算整理得出。

占比例常年（除 2012 年）高于进口片，保持在 55%左右。但观察表 5-4 中“国产片海外票房收入”一项，在 2010 年我国电影出口总额达到峰值之后，立即出现了连续两年的大规模降低，这可以较为直观地判断我国电影娱乐业在国际上表现不够稳定，并不具备太强的竞争力。

表 5-4　**我国电影业收入及进出口现状**

时间	国内票房总收入（亿元）	国产片国内票房收入		进口片国内票房收入		国产片海外票房收入（亿元）
		总额（亿元）	比例	总额（亿元）	比例	
2006	26.2	14.42	55%	11.78	45%	19.1
2007	33.27	18.01	54%	15.26	46%	20.2
2008	43.41	25.63	59%	17.78	41%	15.6
2009	62.06	35.15	57%	26.91	43%	27.7
2010	101.72	57.34	56%	44.38	44%	35.17
2011	131.15	70.31	54%	60.84	46%	20.46
2012	170.7	82.73	48%	87.97	52%	10.63
2013	217.7	127.67	59%	90.03	41%	14.1
2014	296	161.55	55%	134.45	45%	18.7

资料来源：国家统计局数据。

电视业方面，我国长期处于贸易逆差的状态，且差额逐年扩大。2013 年时我国电视节目出口总额为 1.81 亿元，进口总额为 5.87 亿元，贸易差额为-4.05 亿元，但到了 2014 年，我国进口了一大批国外电视娱乐节目，在出口总额增长不大的情况下，进口总额升至 20.90 亿元，使贸易逆差达到了-18.18 亿元。

综上所述，虽然我国娱乐业规模不断扩大，发展形势良好。但是，一方面，国内娱乐产业结构比较失衡，电视业收入远高于电影业；另一方面，国际市场中又以电影产业进出口为主，电视产业没有发挥出足够的竞争力。直观来看，我国娱乐业国际竞争力较为弱势。

（二）我国娱乐业国际竞争力的指数评价

通过翻阅大量文献，评价产业国际竞争力时有多种指数可以使用。本章主要从绝对优势、比较优势两个方面将我国与多个国家进行对比，对我国娱乐业国际竞争力进行综合的比较评价。选取的对比国家包括印度、日本、韩国、英国与美国。美国是毋庸置疑的娱乐业强国，日本则作为亚洲发达国家的代表且其影视产业在国际上取得了不小的成就，韩国的电视电影业国际上颇有名气，英国代表欧洲国家而且有诸如《哈利波特》这样的影视品牌，而印度与中国经济发展相近，同时其娱乐业非常具有自己的特点。因此选取这些国家作为对照很有参考意义。

1. 我国娱乐业 MS 指数分析

其中衡量绝对优势的指数是国际市场占有率（MS）。国际市场占有率以一国产业的出口占世界总出口的比例表示，用于来衡量该产业的整体国际竞争力，其公式为：

$$MS = X_{ij} / X_{wj}$$

其中，X_{i} 表示 i 国 j 产业出口总额，X_{wj} 代表世界该产业出口总额。指标越高表示市场份额越大，竞争力也就越强，反之竞争力就较弱。表 5-5 显示了 2007 年到 2014 年间中国、印度、日本、韩国、英国、美国的影视产品出口市场占有率。

表 5-5　　**2007—2014 年各国娱乐业产品出口市场占有率**

年份	中国	印度	日本	韩国	英国	美国
2007	3. 35%	0. 51%	9. 21%	0. 83%	5. 73%	12. 03%
2008	3. 36%	0. 24%	8. 98%	0. 71%	5. 06%	11. 75%
2009	3. 62%	1. 90%	7. 00%	0. 71%	0. 12%	11. 87%
2010	3. 41%	1. 15%	7. 22%	0. 74%	4. 93%	10. 87%
2011	3. 88%	1. 27%	6. 59%	0. 70%	4. 17%	10. 39%
2012	3. 05%	2. 02%	7. 00%	0. 78%	3. 60%	11. 42%
2013	3. 91%	0. 71%	6. 95%	1. 00%	4. 24%	12. 72%
2014	3. 39%	0. 53%	6. 87%	1. 17%	4. 41%	11. 35%

资料来源：根据 UNCTAD：Values and shares of creative goods exports and imports，annual，2002—2015 中 Audiovisuals 数据计算整理。

综合来看，美国的市场占有率最高，表现出很强的国际竞争力，且较为稳定；作为欧盟娱乐产业重要代表的英国相对而言则并未显示出太强的竞争力，并且有下降趋势，但 2009 年数据出现异常，可不作考虑；作为亚洲发达国家的日本反而显示出较高的市场占有率，可是其数值却在逐年降低；新晋的发达国家韩国虽然总体占有率不高，但逐年上升，表现出极大潜力；与中国经济情况类似的印度在娱乐业国际市场竞争力较为薄弱，2008 年至 2012 年市场占有率逐年提高，但 2013 年、2014 年又大幅下降。而中国在娱乐业产品出口方面并未表现出较高的竞争力水平，相较于我国经济的快速发展，娱乐业市场占有率却未有太大提高，基本保持着 3. 5% 左右的份额。

2. 我国娱乐业 RCA 指数分析

衡量比较优势的第一个指数为 RCA 指数，也即显示性比较优势指数，美国经济学家 Balassa Bela 在 1965 年用于评价国际贸易比较优势时采用的一种指标。其公式为；

$$RCA_{ij} = \left(\frac{X_{ij}}{X_i}\right) / \left(\frac{X_{iw}}{X_w}\right)$$

其中，$\left(\frac{X_{ij}}{X_i}\right)$ 是 j 国娱乐业产品出口占国内总出口的比重，$\left(\frac{X_{iw}}{X_w}\right)$ 是全球娱乐业产品出口占总出口的比重。一般来说，如果 RCA 指数大于 2.5，则说明国家该产业的国际竞争力极强；如果 1.25<RCA<2.5，说明该产业具有较强竞争力；若 0.8<RCA<1.25 则说明该产业具有中度竞争力；若 RCA<0.8，则表明该产业或产品竞争力较弱。表 5-6 显示了 2007 年到 2014 年间各国娱乐业 RCA 指数。

表 5-6　　**2007—2014 年各国娱乐业 RCA 指数**

RCA	中国	印度	日本	韩国	英国	美国
2007	0.38	0.47	1.81	0.31	1.83	1.47
2008	0.38	0.20	1.86	0.27	1.78	1.47
2009	0.38	1.45	1.51	0.25	0.04	1.41
2010	0.33	0.78	1.44	0.24	1.81	1.30
2011	0.37	0.77	1.47	0.23	1.51	1.29
2012	0.28	1.26	1.62	0.26	1.41	1.37
2013	0.34	0.43	1.84	0.34	1.49	1.53
2014	0.27	0.31	1.89	0.39	1.66	1.33

资料来源：根据 UNCTAD：Values and shares of creative goods exports and imports, annual, 2002—2015 中 Audiovisuals 数据与 Merchandise：Total trade and share, annual, 1948—2015 数据计算整理。

从比较优势角度来看，日本、美国和英国 RCA 指数都始终保持在 1.25 以上（除 2009 年英国数据出现异常），且于 2008 年起出现不同幅度的下滑，但在之后又有所升高。其中日本在 2008 年开始下滑，但 2011 年后逐步提升，直至 2014 年升到最高数值 1.89；英国 RCA 指数早年数值较高，在产业出现疲软之后下滑严重，且至最新数据时未能完全恢复；美国指数下降后于 2012 年和 2013 年经历了短暂的复苏，但又开始下降；韩国 RCA 指数出现与前三者相似的趋势，但是自2012年开始出现稳定的增长，势头良好，但竞争力始终较弱；印度娱乐业竞争力非常不稳定，在2009年与2012年两年间出现高于1.25的情况，呈现较强的比较优势，但近几年又下降到仅有0.3左右。至于我国，始终维持在0.3左右，这说明我国娱乐业在国际市场上并不存在比较优势；即便与印度相比，我国RCA有不小的差距（除2008年）；我国娱乐业RCA指数早年高于韩国，可在韩国稳定上升的趋势面前被逆转；但值得注意的是，在其他各国指数普遍出现下降时，我国仍保持一定的状态水平，这说明我国娱乐业存在不小的潜力。

3. 我国娱乐业TC指数分析

TC指数即为贸易竞争力指数，是衡量产业国际竞争力是否具有比较优势的另一指标，该指数除了出口指标外还考虑了进口，因此一定程度上可以作为RCA指数的有效补充。其公式为：

$$TC_{ij} = (X_{ij} - M_{ij})/(X_{ij} + M_{ij})$$

其中，X_{ij}是j国i产业出口总额，M_{ij}是j国i产业进口总额。当TC>0，表示该国存在竞争优势；当TC<0，表示该国存在竞争劣势；当TC=0，表示该国贸易实现平衡。表5-7显示的是2007—2014年间各国TC指数情况。

表5-7　**2007—2014年各国娱乐业TC指数**

TC	中国	印度	日本	韩国	英国	美国
2007	-0.40	0.72	0.49	-0.63	-0.25	0.05
2008	-0.39	0.84	0.51	-0.64	-0.24	0.17
2009	-0.40	-0.52	0.42	-0.58	0.41	0.23
2010	-0.48	-0.49	0.43	-0.57	-0.16	0.23
2011	-0.47	-0.60	0.39	-0.49	-0.19	0.24
2012	-0.61	-0.20	0.49	-0.46	-0.22	0.41
2013	-0.53	-0.56	0.49	-0.48	-0.23	0.44
2014	-0.60	-0.74	0.51	-0.51	-0.19	0.42

资料来源：根据UNCTAD：Values and shares of creative goods exports and imports，annual，2002—2015中Audiovisuals数据计算整理。

从表 5-7 中可以看到除美国和日本 TC 指数始终为正之外，其他多数国家皆显示出竞争劣势（除 2007—2008 年的印度与 2009 年数据异常的英国）。日本 TC 指数最高，维持在 0.4 左右，说明其娱乐业产品进出口始终为正，长期保持顺差，竞争力强劲；美国 TC 指数总体呈上升趋势，说明其顺差逐渐扩大，娱乐业发展势头良好；英国娱乐业贸易逆差较小，且变动幅度不大，韩国逆差相对较大，但有下降趋势，说明竞争力有所增强；印度 TC 指数表现出较强的不稳定性，近几年贸易逆差扩大，竞争力下降。就中国而言，我国长期处于竞争劣势的状态，而且贸易逆差有逐步扩大的态势，说明娱乐业贸易情况不太乐观。

4. 我国娱乐业贸易互补指数分析

我们还可以通过衡量两个国家之间娱乐业产品进出口的比较优势互补关系来分析中国相对于各国在娱乐业贸易竞争方面的特点。国家 a 出口与国家 b 进口之间的贸易互补指数用 C_{ab} 表示如下：

$$C_{ab} = RCA_{xaj} \times RCA_{mbj}$$

其中，RCA_{xaj}表示用出口来衡量的国家 a 在产品 j 上的比较优势；RCA_{mbj}表示用进口来衡量的国家 b 在产品 j 上的比较优势。当某国出口的主要商品类别与同另一国进口的主要商品类别相一致时，两国间的贸易互补性指数（C_{ab}）就越大；反之则越小。一般来说，当 C_{ab} 的值大于 1 时，说明两国之间在商品 j 上存在着贸易互补性。

表 5-8 列出的是 2007 年到 2014 年间中国相对其他五国的贸易互补指数。如表 5-8 所示，中国除 2009 年与印度存在较大的贸易互补性之外，其他时间与其他国家的贸易互补性较差。这说明中国娱乐产业的出口与上述五个国家的进口需求吻合程度比较低，这一方面是由于本身我国娱乐业产品的竞争优势不明显（表现为出口 RCA 指数偏低），另一方面是在于国外对娱乐业产品的需求并不太大（表现为用进口数衡量的 RCA 指数较低，也即不存在较大的显性比较劣势）。因此，我国娱乐业只有提高自身产品素质才可以更好地吻合国外进口。

表 5-8　　**2007—2014 年中国娱乐业贸易互补指数**

$C_{中国}$	印度	日本	韩国	英国	美国
2007	0. 02	0. 25	0. 51	0. 77	0. 27
2008	0. 00	0. 22	0. 42	0. 76	0. 22
2009	1. 11	0. 25	0. 39	0. 00	0. 22
2010	0. 49	0. 21	0. 32	0. 58	0. 18
2011	0. 74	0. 23	0. 27	0. 61	0. 19
2012	0. 34	0. 15	0. 23	0. 45	0. 11
2013	0. 32	0. 17	0. 33	0. 61	0. 13
2014	0. 36	0. 13	0. 32	0. 45	0. 09

资料来源：根据 UNCTAD：Values and shares of creative goods exports and imports，annual，2002—2015 中 Audiovisuals 与 Merchandise：Total trade and share，annual，1948—2015 数据计算整理。

5. 我国娱乐业与各国贸易结合度分析

衡量两国之间贸易相关依存度的另一个指标为贸易结合度（TCD），是一国对其贸易伙伴国的出口占该国，与该贸易伙伴国进口总额占世界进口总额的比重之比。贸易结合度的计算公式如下：

$$TCD_{ab} = (X_{ab}/X_{a}) / (M_{b}/M_{w})$$

其中，TCD_{ab} 表示 a 国对 b 国的贸易结合度，X_{ab}表示 a 国对 b 国的出口额，X_{a} 表示 a 国出口总额；M_{b} 表示 b 国进口总额；M_{w} 表示世界进口总额。如果 $TCD_{ab}>1$，表明两国在贸易方面的联系紧密，反之表明 a、b 两国在贸易方面的联系松散。表 5-9 显示了 2007 年到 2014 年间我国与各国娱乐业贸易结合度情况。

表 5-9　　**2007—2014 年中国娱乐业与各国贸易结合度指数**

$TCD_{中国}$	印度	日本	韩国	英国	美国
2007	7. 15	3. 01	0. 27	0. 27	1. 23
2008	24. 62	3. 76	0. 24	0. 20	1. 32

续表

$TCD_{中国}$	印度	日本	韩国	英国	美国
2009	0. 08	2. 70	0. 15	35. 93	1. 14
2010	0. 08	2. 43	0. 20	0. 22	1. 24
2011	0. 08	2. 33	0. 26	0. 20	1. 37
2012	0. 56	3. 33	0. 37	0. 10	0. 78
2013	0. 44	6. 16	0. 28	0. 09	0. 67
2014	1. 13	7. 68	0. 11	0. 15	0. 78

资料来源：根据 UNCTAD：Values and shares of creative goods exports and imports, annual, 2002—2015 中 Audiovisuals 与 Merchandise：Total trade and share, annual, 1948—2015 数据计算整理。

由表 5-9 可以看到我国与日本在娱乐业贸易方面始终保持着较紧密的联系，并且自 2011 年起贸易结合度逐年上升，这说明我国娱乐业与日本关系密切，如果要发展好我国娱乐业的国际市场，日本是不可忽视的贸易伙伴。而我国与印、英、韩三国的贸易结合度长期都处于低水平，需要重视与其之间的娱乐业贸易往来，从而提高我国竞争力。而与美国之间的贸易结合度早年比较紧密，之后转为松散，而实际上从总量来说美国是我国除日本之外的重要娱乐业出口贸易伙伴，我国需要加强与美国之间的贸易联系。

综合上述五个指数情况，我国不仅相较于绝对优势和相对优势均表现得较为强势的美国、日本而言有不小的差距，即便对比同属亚洲的印度、韩国两个国家都存在一定程度上的不足。但是可以看到我国各指数都表现得较为稳定，并未随经济波动呈现大幅的变化，这说明我国娱乐业市场基础牢固，有较好的发展前景。这是因为娱乐业作为文化产业的一部分，近几年得到了国家的支持，这推动着我国影视产品更好地走向世界，从而使娱乐业的国际竞争有着很大的潜力。我国在文化产业上的发展有目共睹，根据 UNCTAD 数据表明，我国文化创意产业总出口已经从 2007 年的 7. 7 亿美元增长到了 2015 年 16. 8 亿美元，增幅达到 118%。但与之相对的，我国 2015 年的娱乐业出口总额相对 2007 年反而减少了 166.2 百万美元。

表 5-10 为根据以上三类指数计算结果得出的我国 2007—2014 年影视娱乐业竞争力强弱与发展趋势统计表。那么是什么原因造成我国娱乐业国际竞争力水平始终处于劣势，能否定量地找出影响其出口的因素呢？下一部分将基于钻石模型，选定适当的代表变量通过实证对此问题进行研究。

表 5-10　**2007—2014 年中国影视娱乐业国际竞争力状况**

中国	MS 指数	RCA 指数	TC 指数
竞争力强弱	较弱	弱	弱
发展趋势	平稳	稳中有降	逐渐下降

三、互联网文化娱乐发展产业发展趋势

在前两节我们讨论了我国娱乐业的发展现状。事实上，在这个信息化时代，文化娱乐产业的发展几乎离不开互联网络。网络游戏、网络文学、网络视频、网络音乐、网络直播等在用户规模上逐年上升。我国互联网文化娱乐产业发展的娱乐硬件设备支持技术将会不断提升，娱乐形态更加多样化。传统的文化娱乐产业视听设备局限于纸质书本阅读，以电视、收音机、MV3、影院、KTV 为载体的影视音乐的观听。互联网元素的加入让文化娱乐形式更加丰富。社交软件拓宽交友渠道，花样繁多的娱乐应用深受广大年轻人的喜爱。电子竞技与娱乐直播的发展速度更是令人咋舌。2014 年，游戏直播市场规模为 2.7 亿元，而在 2016 年游戏直播的市场规模达到 23.7 亿元，仅仅两年时间市场规模翻了近 10 倍以上。图 5-7 为我国互联网游戏市场销售收入。

我国经济逐步进入“新常态”，实体经济增速放缓。但互联网产业在实体经济低迷的情况下，增速依然不减，这其中便包括互联网文化娱乐产业。“互联网+”的泛娱乐产业包括影视、音乐、游

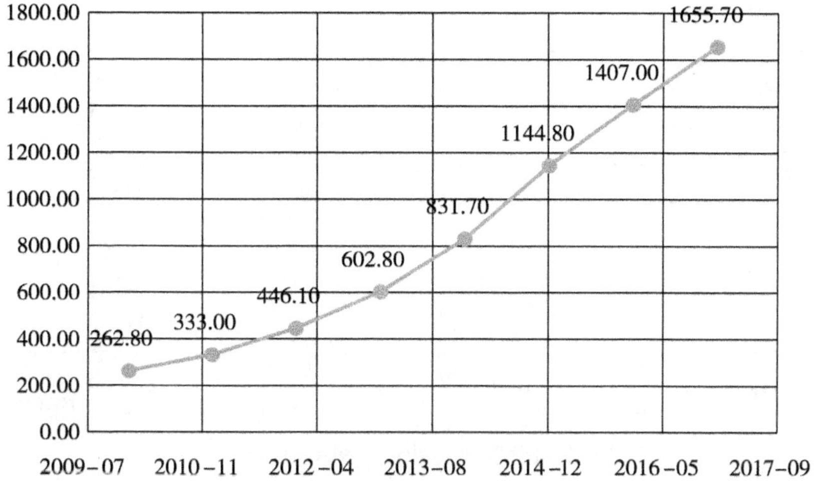

图 5-7　中国网络游戏市场销售收入（单位：亿元）

资料来源：Wind 资讯。

戏、动漫、文学、直播等文化娱乐形态。当前，互联网已经在逐步取代电视媒体的大众影响力，国民更倾向于使用互联网进行影视音乐的观看与收听。尤其是手机客户端的使用，相较于电视与电脑更加便利。从整个“互联网+”娱乐产业市场需求来看，未来的互联网文化娱乐产业规模仍将呈现增长态势并呈现出以下几点发展趋势：

第一，大量投资资本涌入互联网娱乐市场。随着网络版权保护的完善与支付技术的进步，互联网娱乐市场的用户付费意识不断提升，并且越来越多的娱乐应用由以前的免费体验升级到付费试用。2017 年我国互联网用户付费比例达到 42.9%，相较于 2016 年增长了 7.4%。图 5-8 为国内用户付费比例。互联网娱乐市场蕴藏着巨大的获利商机，因此，大量风投资本涌入互联网娱乐市场也是可以预见的。

第二，互联网娱乐形式不断推陈出新，呈多元化发展态势，且主流趋势由 PC 客户端向移动客户端应用转移。近年来，互联网娱

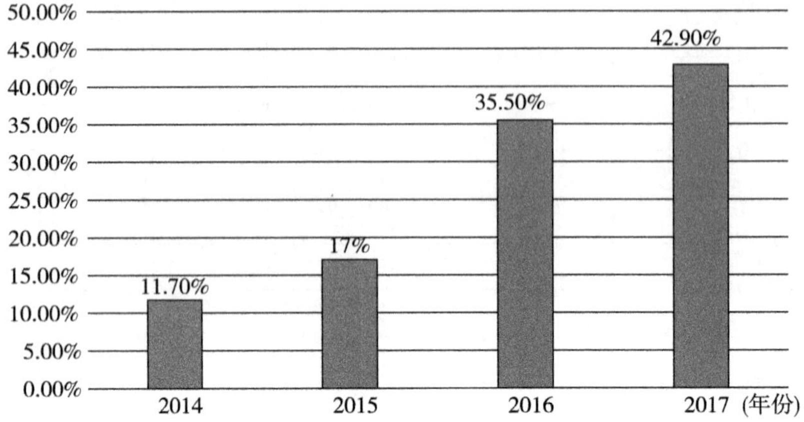

图 5-8　我国付费互联网用户占比

资料来源：中国网络视听节目服务协会网络视频用户调研 2014—2017。

乐种类随着电子类硬件与软件技术的提升而增多。虚拟现实、自制网络剧、各类创新型直播等都打破了以往的视听娱乐方式。基于大数据的收集与分析，为用户提供更加个性化的娱乐应用。而由 PC 客户端娱乐应用向移动客户端转移也是主流趋势之一。毕竟，随身可带的移动设备比电脑使用更加便利。

第三，互联网资源争夺更加激烈。其一是互联网 IP，空间域名的资源竞争。优质的 IP 将会为平台带来流量的增长与客户的黏性。在搜索引擎的排名靠前也是互联网娱乐企业的核心竞争力之一。其二是网络人才资源的竞争。拿娱乐直播来说，一个拥有稳定粉丝量的知名主播将会为该平台带来数以万计的客户，而这些客户均是潜力消费群体。其三是对于互联网用户的资源竞争。互联网娱乐用户正呈现出年轻化发展趋势，“90 后”、“95 后”、“00 后”已经成为互联网娱乐的主要受众与消费群体。表 5-11 为我国互联网用户年龄结构。他们崇尚创新与个性化追求，互联网娱乐应用如何迎合年轻群体、顺应年轻化潮流变成了关键所在。当前越来越多的“00 后”主播出现在直播平台，二次元也充斥着互联网络，可以预见，未来的互联网文化娱乐产业对于如何抓住年轻化的用户竞争将会更加激烈。

表 5-11　　　　　　　　**中国互联网用户年龄结构表**

	10 岁以下	10～19 岁	20～29 岁	30～39 岁	40～49 岁	50～59 岁	60 岁及以上
2010 年	1.10%	27.30%	29.80%	23.40%	12.60%	3.90%	1.90%
2011 年	1.70%	26.70%	29.80%	25.70%	11.40%	4.10%	0.70%
2012 年	1.70%	24.00%	30.40%	25.30%	12.40%	4.40%	1.80%
2013 年	1.90%	24.10%	31.20%	23.90%	12.10%	5.10%	1.90%
2014 年	1.70%	22.80%	31.50%	23.80%	12.30%	5.50%	2.40%
2015 年	2.70%	21.40%	29.90%	23.80%	13.10%	5.30%	3.90%
2016 年	3.20%	20.20%	30.30%	23.20%	13.70%	5.40%	4.00%

资料来源：中国互联网络信息中心。

第四节　中国互联网娱乐业国际竞争力实证研究

一、变量选取及模型建立

（一）变量选取

为探究对我国互联网娱乐业国际竞争力造成影响的因素，本章将基于 Michael E. Porter 的“钻石模型”理论，分析国家整体竞争优势。模型以中国娱乐业总出口作为被解释变量，并从生产要素、需求条件、相关及辅助产业、企业战略四个主要因素与政府和机遇两个次要因素中寻找合适的解释变量，检验各变量对前者产生的效应。

综合已有文献对相关问题的研究，本书选取的各变量如下：

被解释变量：由于当前娱乐产业与互联网络密不可分，以及互联网娱乐业数据的不可获得性，我们以娱乐业出口总额（EX）作为互联网娱乐业的替代变量。该变量作为被解释变量，可以直接反映互联网娱乐业国际市场地位，出口总量越多，代表国际竞争力越强。

解释变量：

（1）国内娱乐业总产值（ETV）。生产要素的范畴包含资本资源、人力资源与知识资源等，国内娱乐业总产值的变量可以用以衡量资源要素中的资本资源，由于娱乐业的成本投入涉及多个环节与方面，难以直接衡量，因此可以直接用行业产值来体现。可以假设资本资源越丰富，即总产值越高，国际竞争力越强。

（2）本科及以上学历比例（EDU）。该变量可以用来衡量人力资源，娱乐业一定程度上依赖于从业人员的职业素质，高学历从业者的比例越高，就越能推动娱乐业本身的发展与国际竞争力的提高。

（3）人均 GDP（PGDP）。波特模型中需求条件因素指行业产品或服务的国内需求性质，国内需求刺激的行业发展可以有效促进行业的国际竞争力。人均 GDP 的提高会使人民产生更多的非物质需求，其中就包括娱乐业产品的需求，因此人均 GDP 对娱乐业出口的影响系数为正。

（4）外商直接投资（FDI）。企业战略指行业中支配企业创建、组织与管理的条件以及竞争情况，外商直接投资的引入可以给国内企业带来不同的发展战略和组织结构，同时可以改变国内产业的竞争情况。但由于其影响具有两面性，一方面可能促进国内娱乐业的发展，另一方面也可能抑制国内娱乐业的出口竞争，因此效应待定。

（5）文化创意产业总出口（CE）。娱乐业在联合国的定义中属于文化创意产业的一部分，因此文化创意产业属于辅助产业和相关产业的范畴，整个文化创意产业出口的增加可以带动娱乐业国际竞争力的提高。

（二）模型及数据

以上述变量为基础，考虑到模型拟合效果与数据可获得性等因素，实证模型初步定为：

$\ln EX = a_0 + a_1 \ln ETV + a_2 \ln EDU + a_3 \ln CI + a_4 \ln PCDI + a_5 \ln FDI + a_6 \ln CE + a_7 \ln IPR + u$

本研究样本数据的时间区间为2006年到2015年，其中娱乐业出口总额和文化产业总出口来自UNCTAD数据库，娱乐业总产值是根据国家统计局数据整理计算，人均GDP与FDI数据直接来自国家统计局，本科及以上学历比例来自于历年《中国人口和就业统计年鉴》，由于单独娱乐业数据难以获得，FDI与人力资本数据用文化产业的整体数据代替。基础数据如表5-12所示，为减少异方差，对所有变量取自然对数。

表5-12　**我国娱乐业国际竞争力影响因素变量的基础数据**

年份	娱乐业出口总额（百万美元）	国内娱乐业总产值（亿元）	本科及以上学历比例（%）	人均GDP（元）	FDI（万美元）	文化产业总出口（百万美元）
2007	1258.13757	1383.66	34	20505	45109	77632
2008	1294.414569	1668.24	32.2	24121	25818	90289
2009	1201.555267	1959.5	34.4	26222	31756	79715
2010	1212.148392	2459.08	37.9	30876	43612	101775
2011	1405.182913	2894.79	48.5	36403	63455	129033
2012	936.249489	3439.52	42.2	40007	53655	150645
2013	977.40204	3952.57	42.3	43852	82079	166620
2014	816.951749	3931.9	45.7	47203	82338	191410
2015	1091.936779	5075.25	47.1	50251	78941	168507

二、模型构建与检验

（一）ADF检验

使用时间序列进行分析时，一般要求所选数据是平稳的，否则会产生“伪回归”现象，因此先对各变量进行ADF单位根检验以判断序列平稳性，检验结果如表5-13所示。

表 5-13　　各变量平稳性检验

变量	ADF 统计量	1%临界值	5%临界值	10%临界值	结论
lnEX	-1. 772	-3. 750	-3. 000	-2. 630	不平稳
D. lnEX	-3. 950	-3. 750	-3. 000	-2. 630	平稳
lnETV	-0. 844	-3. 750	-3. 000	-2. 630	不平稳
D. lnETV	-2. 891	-3. 750	-3. 000	-2. 630	平稳
lnEDU	-1. 016	-3. 750	-3. 000	-2. 630	不平稳
D. lnEDU	-3. 037	-3. 750	-3. 000	-2. 630	平稳
lnPGDP	-4. 253	-3. 750	-3. 000	-2. 630	平稳
D. lnPGDP	-9. 678	-3. 750	-3. 000	-2. 630	平稳
lnFDI	-0. 798	-3. 750	-3. 000	-2. 630	不平稳
D. lnFDI	-4. 427	-3. 750	-3. 000	-2. 630	平稳
lnCE	-0. 966	-3. 750	-3. 000	-2. 630	不平稳
D. lnCE	-2. 265	-3. 750	-3. 000	-2. 630	不平稳
D2. lnCE	-3. 513	-3. 750	-3. 000	-2. 630	平稳

注：D. 表示一阶差分，D2. 表示二阶差分。

检验结果表明，lnCE 变量二阶差分通过协整检验，说明该变量是二阶单整序列；其余变量一阶差分的 ADF 统计量均至少满足小于 10% 显著水平下的临界值，说明各变量的时间序列都是一阶单整序列，即变量经过一阶差分序列已经平稳，满足协整检验条件。

（二）协整检验和 Granger 因果关系检验

本章采用 Eagle-Granger（ EG）两步法对被解释变量和六个解释变量之间的协整关系进行检验，然后运用 Granger 因果关系检验法分析各变量是否是保险服务出口变动的 Granger 原因。

1. 娱乐业出口 lnEX 和国内娱乐业总产值 lnETV

运用 EG 两步法进行协整检验，OLS 方法回归结果如下：

$$\ln EX = 9.0342 - 0.2545 \ln ETV$$

$$t = \quad (9.704) \qquad (-2.167)$$

$$F=4.698,\ R^2=0.401,\ DW=2.313$$

对上述模型的残差采用进行 ADF 单位根检验，结果如表 5-14 所示：

表 5-14

变量	ADF 统计量	1%临界值	5%临界值	10%临界值	结论
残差 e_1	-3.255039	-2.886101	-1.995865	-1.599088	平稳

残差序列是平稳的，这说明两个变量协整，娱乐业出口与国内娱乐业总产值之间存在长期的均衡。

接下来是 Granger 因果关系检验，滞后阶数为 1，结果如表 5-15所示：

表 5-15

Null Hypothesis	Obs	*F*-Statistic	Probability
lnETV does not Granger Cause lnEX	8	4.76979	0.0807
lnEX does not Granger Cause lnETV		0.32174	0.5951

结果显示，在 10%的显著水平下，拒绝“国内娱乐业总产值不是娱乐业出口的 Granger 原因”的假设，而不拒绝“娱乐业出口不是国内娱乐业总产值的 Granger 原因”，即国内娱乐业总产值是娱乐业出口的 Granger 原因。

2. 娱乐业出口 lnEX 和人力资本 lnEDU

运用 EG 两步法进行协整检验，OLS 方法回归结果如下：

$$\ln EX = 8.6957 - 0.4543\ \ln EDU$$

$$t = \quad (5.881) \qquad (-1.134)$$

$$F=1.288,\ R^2=0.155,\ DW=1.946$$

对上述模型的残差采用进行 ADF 单位根检验，结果如表 5-16 所示。

表 5-16

变量	ADF 统计量	1%临界值	5%临界值	10%临界值	结论
残差 e_1	-2.598788	-2.886101	-1.995865	-1.599088	平稳

残差序列是平稳的，这说明两个变量协整，娱乐业出口与人力资本之间存在长期的均衡。

接下来是 Granger 因果关系检验，滞后阶数为 2，结果如表 5-17所示。

表 5-17

Null Hypothesis	Obs	F-Statistic	Probability
lnEDU does not Granger Cause lnEX	7	0.39772	0.7155
lnEX does not Granger Cause lnEDU		2.24982	0.3077

相伴概率显示，在 10%的显著水平下，“人力资本不是娱乐业出口的 Granger 原因”“娱乐业出口不是人力资本的 Granger 原因”两个假设都无法拒绝，因此人力资本与娱乐业出口之间不存在 Granger 因果关系。

3. 娱乐业出口 lnEX 和人均 GDP lnPGDP

运用 EG 两步法进行协整检验，OLS 方法回归结果如下：

$$\ln EX = 9.6636 - 0.2545 \ln PGDP$$

$$t = \quad (5.881) \qquad (-1.134)$$

$$F = 3.807,\ R^2 = 0.352,\ DW = 2.119$$

对上述模型的残差采用进行 ADF 单位根检验，结果如表 5-18 所示。

表 5-18

变量	ADF 统计量	1%临界值	5%临界值	10%临界值	结论
残差 e_1	-3.009771	-2.886101	-1.995865	-1.599088	平稳

残差序列是平稳的，这说明两个变量协整，娱乐业出口与人均GDP之间存在长期的均衡。

接下来是 Granger 因果关系检验，滞后阶数为 2，结果如表5-19所示。

表 5-19

Null Hypothesis	Obs	*F*-Statistic	Probability
lnPGDP does not Granger Cause lnEX	7	0. 77765	0. 5625
lnEX does not Granger Cause lnPGDP		0. 03818	0. 9632

相伴概率显示，在 10%的显著水平下，“人均 GDP 不是娱乐业出口的 Granger 原因”“娱乐业出口不是人均 GDP 的 Granger 原因”两个假设都无法拒绝，因此人均 GDP 与娱乐业出口之间不存在 Granger 因果关系。

4. 娱乐业出口 lnEX 和外商直接投资 lnFDI

运用 EG 两步法进行协整检验，OLS 方法回归结果如下：

$$\ln EX = 9.6574 - 0.2428\ \ln FDI$$

$$t = \quad (6.907) \qquad\qquad (-1.888)$$

$$F = 3.565,\ R^2 = 0.337,\ DW = 2.482$$

对上述模型的残差采用进行 ADF 单位根检验，结果如表5-20所示。

表 5-20

变量	ADF 统计量	1%临界值	5%临界值	10%临界值	结论
残差 e_1	-3. 577701	-2. 886101	-1. 995865	-1. 599088	平稳

残差序列是平稳的，这说明两个变量协整，娱乐业出口与外商直接投资之间存在长期的均衡。

接下来是 Granger 因果关系检验，滞后阶数为 2，结果如表5-21所示。

表 5-21

Null Hypothesis	Obs	F-Statistic	Probability
lnFDI does not Granger Cause lnEX	7	2. 94901	0. 2532
lnEX does not Granger Cause lnFDI		0. 75507	0. 5698

相伴概率显示，在10%的显著水平下，“外商直接投资不是娱乐业出口的 Granger 原因”与“娱乐业出口不是外商直接投资的 Granger 原因”两个假设都无法拒绝，因此外商直接投资与娱乐业出口之间不存在 Granger 因果关系。

5. 娱乐业出口 lnEX 和文化产业总出口 lnCE

运用 EG 两步法进行协整检验，OLS 方法回归结果如下：

$$\ln EX = 11.3851 - 0.372828 \ln CE$$
$$t = \quad (7.452) \qquad (-2.859)$$
$$F = 8.174,\ R^2 = 0.538,\ DW = 2.540$$

对上述模型的残差采用进行 ADF 单位根检验，结果如表 5-22 所示。

表 5-22

变量	ADF 统计量	1%临界值	5%临界值	10%临界值	结论
残差 e_1	-3. 682382	-2. 886101	-1. 995865	-1. 599088	平稳

残差序列是平稳的，这说明两个变量协整，娱乐业出口与文化产业总出口之间存在长期的均衡。

接下来是 Granger 因果关系检验，滞后阶数为 1，结果如表 5-23所示。

表 5-23

Null Hypothesis	Obs	F-Statistic	Probability
lnCE does not Granger Cause lnEX	8	5. 81215	0. 0608
lnEX does not Granger Cause lnCE		0. 14595	0. 7181

结果显示，在10%的显著水平下，拒绝“文化产业总出口不是娱乐业出口的 Granger 原因”的假设，而不拒绝“娱乐业出口不是文化产业总出口的 Granger 原因”，即文化产业总出口是娱乐业出口的 Granger 原因。

6. 回归模型的协整检验

为了研究娱乐业出口和各个变量总体之间的协整关系，需要对回归模型进行估计并对残差进行单位根检验。采用 OLS 方法，得出回归结果如下：

$$\ln EX = 12.195 + 0.023\ln ETV + 1.289\ln EDU - 0.028\ln PGDP - 0.162\ln FDI - 0.688\ln CE$$

$$t = (3.868) \quad (0.034) \quad (1.475) \quad (-0.040) \quad (-0.347) \quad (-1.253)$$

$F=2.142$，$R^2=0.781209$，$DW=3.388$，

因此拟合效果良好，回归结果可信。

再对上述模型的残差序列 E 进行单位根检测,结果如表 5-24 所示。

表 5-24

变量	ADF 统计量	1%临界值	5%临界值	10%临界值	结论
残差 *E*	-5.606417	-2.937216	-2.006292	-1.598068	平稳

残差序列也是平稳的，这说明 lnEX、lnETV、lnEDU、lnPGDP、lnFDI 和 lnCE 之间存在协整关系，即存在长期均衡关系。

从回归结果看出，国内娱乐业总产值、人力资本对娱乐业出口有正向影响，而人力资本对其影响较大，每增加1%会使娱乐业出口增加1.289%；人均 GDP、外商直接投资和文化产业总出口对娱乐业出口的影响是负向的，与预期不符。

（三）误差修正模型（ECM）

因为各变量存在协整关系，可以建立误差修正模型来研究解释变量的短期变动对娱乐业出口的影响。采用 OLS 的方法，得出误

差修正模型如下：

$$\ln EX = -0.025 - 0.170D\ln ETV + 1.398D\ln EDU + 0.344D\ln PGDP - 0.126D\ln FDI - 0.832D\ln CE - 1.807ECM$$

t =（-0.231）（-0.285）　（3.333）　（0.976）

（-0.600）　（-2.919）　（-3.316）

$F = 6.609$，$R^2 = 0.975405$，$DW = 2.239$

模型通过显著性检验，其中国内娱乐业总产值与人均 GDP 的系数符号与长期均衡关系的符号相反，国内娱乐业总产值在短期对娱乐业出口的影响是负向，而人均 GDP 的影响则在短期中变为正。其他变量符号与长期一致。误差修正系数为负，符合反向修正机制，该模型反映了娱乐业出口受各变量影响的短期波动规律。

回归结果表明，人力资本、人均 GDP 对娱乐业出口有正向影响，其影响程度为短期内每增加 1%，娱乐业出口将相应增长 1.398%与 0.344%。而国内娱乐业总产值、外商直接投资和文化产业总出口造成的短期影响为负。同时，误差修正系数为负，且小于-1，表明每年实际发生的娱乐业出口与长期均衡值的偏差有 180.7%被修正，即被反向扭转修正。

三、实证结论

本章基于 2007—2015 年数据，通过协整与误差修正模型等实证方法，研究了中国互联网娱乐业出口与国内娱乐业总产值、人力资本、人均 GDP、外商直接投资和文化产业总出口之间的长期均衡关系与短期波动关系。最终结论为：人力资本对中国娱乐业出口有正向的影响，且影响系数较大，外商直接投资和文化产业总出口两个变量则与娱乐业总出口表现出负相关；国内娱乐业总产值在长期中可以促进娱乐业出口，但在短期内则偏于抑制作用；而人均 GDP 在长期则与娱乐业出口呈轻微的负相关关系，短期中则有正向促进作用。

四、提升我国互联网娱乐业国际竞争力的对策及建议

本节在现状分析的基础上，基于钻石模型进一步研究了各个因

素对我国互联网娱乐业国际竞争力的影响，以此为依据，能够了解我国互联网娱乐业的国际竞争力水平，相应总结出提高竞争力的合理建议。

结果表明，国内娱乐业总产值在长期中对互联网娱乐业国际竞争力的正面效果非常小，甚至在短期内还会阻碍娱乐业出口，而人均 GDP 的提高在长期中降低了娱乐业的国际竞争力。笔者认为，这两个变量没有起到效果的根本原因在于，我国国内需求结构不够合理，因此反映到供给上即便加大了生产要素的投入也只是量上的提高，而没有质上的升华。如果要有效发挥国内需求对国际竞争力的促进作用，应当引导消费者对娱乐业产品有更高的选择标准，同时国家也要严格监督娱乐业产品的质量，避免娱乐业市场充斥着良莠不齐的产品。

人力资本对于我国互联网娱乐业走向国际市场相当重要，应当注意吸收更多的高学历人员进入娱乐业市场，只有更加专业化的人才才能有效促进中国娱乐产业的国际竞争力提高。

外商直接投资本应对娱乐业出口产生促进作用，但一方面由于目前我国政策上对文化产品的外商投资有所限制，另一方面出于文化差异和审美风格的区别，这样的资金流入不能够有效促使中国娱乐业与国际更好地接轨，反而一定程度上抑制了娱乐业的出口，从这个方面来说我们应该更注重产品内涵上的兼收并蓄，合理利用外资与随之而来的市场机遇。

文化产业总出口在数据上年年攀升，但并未很好地带动娱乐业的总出口，这或许是由于我国娱乐业的输出产品没有合理地融入受外国欢迎的中国文化特质，因而不能像整体文化产品一般得到国际市场的认可，因此我国娱乐业发展出口时需要注重展现自身特色，塑造体现中国文化同时又能取得国际认可的品牌形象。

第六章　总　　结

本章梳理了本书全部的研究内容，归纳和概括出了本书的主要研究结论。根据这些研究结论，结合我国当前互联网服务业发展实际情况，总结出了相应的对策与建议。本书在研究过程中仍存在一些不足与局限性，在本章第二小节提出了对未来研究的展望。

一、主要结论及政策建议

本书旨在研究中国互联网服务业竞争力，在第一章、第二章中介绍了互联网服务业基础概念、竞争力理论以及竞争力权威的评价方法，其中包括迈克尔·波特教授的“钻石模型”理论、指数分析法、因子分析法等。在第三章、第四章、第五章的内容中，运用这些方法，从定性与定量两个角度评估了我国互联网服务细分行业竞争力。并通过实证分析方法找出影响我国电子商务业、互联网金融业、互联网娱乐业竞争力的主要因素，进而根据研究结果提出如何提高我国互联网服务业竞争力的对策建议。

（一）电子商务竞争力研究结论

第三章主要研究对象是中国电子商务产业。本章首先对国内外电子商务行业发展的基础数据进行了整理分析，直观地了解了国内电子商务发展基本情况。全球电子商务行业迅猛发展，各国间的跨境电商交易额规模增长迅速，电子商务已然成为了跨国商贸交易的主要模式。我国电子商务市场较欧美而言起步晚，但市场发展潜力巨大。从 TC 指数来看，我国电子商务竞争力较强，均值高达 0.7 以上，但是 TC 指数呈逐年下降趋势，说明我国电子商务业竞争力略显疲软，值得重视。从国内视角来看，广东、浙江、江苏为电子商务发展较快地区。之后，本章以“钻石模型”为理论基础，建立了实证研究模型，探究互联网发展水平、物流业发展水平、网络安全、软件行业发展、第三方支付总额、电子信息业投资总额对电子商务竞争力的影响。从回归结果来看除了第三方支付总额、电子信息业投资总额对电子商务竞争力呈现负相关性外，其余各因素都与之呈正相关关系。根据实证结果，我们可以有针对性地加强互联网基础设施建设、加强网络安全体系建设、推动电子商务相关产业发展、协调推进大数据应用等以此来提高我国电子商务产业竞争力。

（二）互联网金融业竞争力研究结论

第四章主要研究对象是中国互联网金融产业。本章首先对互联网金融的定义、分类、发展历程等做了概述。保证互联网金融服务产业健康稳定发展的首要问题就是如何控制各方风险，这也是提高互联网金融服务行业竞争力的关键因素之一。因此本章着重针对如何优化互联网金融服务行业风险控制问题进行了探究。本章以 P2P 网络借贷平台“拍拍贷”为例研究了互联网金融服务业的风险控制问题并结合实证研究结果给出相应的政策建议。首先，对我国 P2P 网络信贷产业进行了统计数据分析，P2P 网络借贷行业高速发展，平台数量激增，而风险问题也随之突显。之后设立的实证分析模型从平台共有风险和特有风险两个角度，以“拍拍贷”为例对如何优化我国 P2P 网络借贷风险控制进行了考证。实证结果显示：借款金额、借款期限、借款者年龄、借款人历史失败借款次数这四个变量对借款方信用风险呈现显著负相关影响，其余三个变量借款年利率、借款者性别和借款人历史借款成功次数对借款方信用风险呈现显著正相关影响。那么，我们便可以知道在 P2P 网络借贷行为中相关机构应该通过把握哪些核心数据从而降低借款人的违约风险。最后，从宏观角度来看，当前我国 P2P 网络借贷交易平台风险控制存在的问题主要体现在交易平台内部风险控制系统不完善、信用评价及用户信息审核制度不健全，外部社会信用体系缺失、法律监管制度不足这两大方面。从优化网络借贷平台内部风险制度角度，P2P 网络借贷交易平台可以设立并执行财务制度，不自设资金池来保证投资方资金的安全；设立更完善的产品制度，不接额度过大贷款标的项目以此来预防流动性风险；制定规范的操作流程和合理的制度，以降低平台的操作风险；加强对用户个人信息的核实并重点了解用户的信用状况以降低用户违约风险；确保用户信息资料安全和交易资金安全以降低网络安全风险；着重对贷款进行追踪，并及时整理归纳追踪信息以降低贷后风险。从优化网络借贷平台外部风险制度角度，本章也提出了优化 P2P 网络借贷行业监管体系、自律体系以及行业配套服务体系改进意见。

（三）其他互联网服务业竞争力研究结论

第五章主要研究对象是中国互联网医疗、教育以及娱乐产业。针对互联网医疗、互联网教育产业由于数据可得性限制，本书仅分别从互联网医疗与教育的定义、发展起源、发展现状以及未来发展趋势做了定性分析。互联网医疗，其市场规模呈井喷式增长，潜力巨大并蕴藏着无限的商机。医疗服务需求是强刚性需求，互联网能够极大程度上优化传统的医疗服务体验。因此，我们可以推测互联网医疗市场扩张势头在未来数年仍会强劲，但将会以循序渐进的方式稳步前进；与此同时，政策倾向推动互联网医疗行业进一步发展；在市场需求不断扩张的情况下，互联网医疗将呈现出多元化发展态势；互联网医疗监管体系将不断完善。互联网教育产业的发展使得传统学校教育的垄断地位受到一定的挑战，它打破了传统教育在时间与空间上的限制，给予了受教育者更多的选择性。与传统教学模式相比，互联网教育具有灵活化、个性化、多元化以及专业化四个特点。在未来几年，互联网教育平台将会不断优化；资源整合平台也会逐步搭建；大量资金会涌入互联网教育市场；互联网教育与传统教育会进一步融合，互联网教育认证机制逐步形成。在第五章的最后一节，我们对互联网娱乐产业竞争力进行了研究。从贸易竞争力指数、贸易互补指数、贸易结合度三大指数来看，我国互联网影视娱乐业竞争力较弱。本节基于 2007—2015 年数据，通过协整与误差修正模型等实证方法，研究了中国互联网娱乐业出口与国内娱乐业总产值、人力资本、人均 GDP、外商直接投资和文化产业总出口之间的长期均衡关系与短期波动关系。最终结论为：人力资本对中国娱乐业出口有正向的影响，且影响系数较大，外商直接投资和文化产业总出口两个变量则与娱乐业总出口表现出负相关；国内娱乐业总产值在长期中可以促进娱乐业出口，但在短期内则偏于抑制作用；而人均 GDP 在长期则与娱乐业出口呈轻微的负相关关系，短期中则有正向促进作用。

二、未来研究展望

互联网服务产业是近年来兴起的新兴产业，所以相关统计数据在一定程度上不够完善。很多时候统计口径不同造成了统计结果的不一致，这给相关分析结果的准确性造成了影响。未来在互联网数据库进一步优化之后，将会为实证研究提供更多的数据支撑。那么，伴随着宏观与微观数据可获得性的提高，本书的研究内容将可以在以下三个方面进行拓展：

第一，结合国内外互联网服务业企业的微观数据探究如何从企业视角提高互联网服务企业竞争力，进而提高行业整体竞争力水平。

第二，互联网服务业不局限于电子商务、互联网金融、互联网教育、互联网医疗、互联网娱乐产业，其他互联网共享经济产业的发展势头也不容小觑。例如，共享餐饮、共享房屋、共享单车、共享物流等。我国经济处于剧烈转型期，共享经济的出现为供给侧和需求侧改革提供了解决途径和方法，智能手机、大数据计算、数字货币等的发展也给共享经济奠定了实现基础。可以预见，共享经济产业竞争力课题将会是未来研究的一大热点。

第三，互联网服务业的发展必然会对国民经济、对外贸易、资本流动等方面产生影响，进一步探索互联网服务业发展对各关键经济节点造成的影响具有较强的现实意义。

致　谢

本书是我第一本独立完成的十五万字以上的专著，前后历经了七个多月的写作时间。互联网服务业对我国各行各业发展的推动作用有目共睹，个人认为互联网服务业竞争力研究具有较强的现实意义，也将会成为未来学界研究的热点。为了使研究成果更具有理论意义和应用价值，我开始不断地向导师及同学请教并修正研究方向与方法，在这个过程中我受益匪浅。为此，我要感谢在写作过程中给予我支持和帮助的老师、同学以及家人。

我的导师，武汉大学经济与管理学院陈虹教授，您渊博的知识积累和严谨的学术作风令我钦佩，也激励着我不断地努力学习提高自己。陈虹老师在国际竞争力研究方面有很深的造诣。陈虹老师于2015年编著了《中国金融服务业国际竞争力研究》一书，并且曾多次在知名期刊发表竞争力研究相关论文：2013年在《保险研究》第三期中发表的《我国保险业国际竞争力研究》；2010年在《管理世界》第十期中发表的《中国服务贸易国际竞争力的实证研究》等。本书的完成离不开陈虹老师的悉心指导。从课题的选择、内容的撰写到专著的完成，陈虹老师给了我许多珍贵的建议。在此谨向陈虹老师致以衷心的感谢和崇高的敬意。

我还要感谢在写作过程中给予我帮助的同学。在遇到技术性问题的时候，感谢你们花费自己宝贵的时间帮我一起解决问题。在此，我要特别感谢同门师妹于路、师弟曲俊华。他们分别在互联网金融与互联网娱乐业实证部分为本书撰写提供了极大的帮助。

最后，我要感谢我的父亲与母亲。正是因为有你们的支持与鼓励，我才能顺利完成这本书的撰写。你们的期盼和关怀是我前行的最大动力。

此外，本书在撰写中参考和引用了大量的相关文献，在此表示最诚挚的敬意。同时，也欢迎各位专家和学者对本书中存在的任何问题进行批评和指正。

刘　璐

2018 年 1 月

于武汉大学珞珈山

参考文献

[1] Akter S, Wamba S F. Big data analytics in E-commerce: A systematic review and agenda for future research [J]. Electronic Markets, 2016, 26 (2): 1-22.

[2] Just R E, Hueth D L, Schmitz A. The Welfare economics of public policy: a practical approach to project and policy evaluation [M] //The welfare economics of public policy: Edward Elgar, 2004

[3] Ángel Herrero Crespo, Ignacio Rodríguez del Bosque. The effect of innovativeness on the adoption of B2C e-commerce: A model based on the Theory of Planned Behavior [J]. Computers in Human Behavior, 2008, 24 (6): 2830-2847.

[4] Antonella Bodini, Raffaele Zanoli. Competitive Factors of the Agro-Food E-Commerce [J]. Journal of Food Products Marketing, 2011, 17 (2-3): 241-260.

[5] Balassa B. Trade Liberalisation and "Revealed" Comparative Advantage1 [J]. The Manchester School, 1965, 33 (2): 99-123.

[6] Barasinska N. The role of gender in lending business: evidence from an online market for peer-to-peer lending [J]. The New York Times, 2009, 5 (2): 44-47.

[7] Blount Y, Castleman T, Swatman P M C. E-Commerce, Human Resource Strategies, and Competitive Advantage: Two Australian Banking Case Studies [J]. International Journal of Electronic Commerce, 2005, 9 (3): 73-89.

[8] Briceno Ortega A C, Bell F. Online social lending: Borrower-generated content [J]. Applied Communication Research, 2011, 39 (1): 19-37.

[9] Chen Q, Wande H, Qiaoyan C, et al. Research on competitive factors and critical success rules in e-commerce [C] // International Conference on E -Business and E -Government. IEEE, 2011: 1-4.

[10] Chen Q, Zhang N. Does E-Commerce Provide a Sustained Competitive Advantage? An Investigation of Survival and Sustainability in Growth-Oriented Enterprises [J]. Sustainability, 2015, 7 (2): 1411-1428.

[11] Chen T H. Study on Logistics Innovation Mode Based on Competitive Advantage under the Background of E-Commerce [J]. Logistics Technology, 2011, 30 (10): 64-66.

[12] Childers J S J, Offstein E. Building entrepreneurial e-commerce competitive advantage: a blending of theory and practice [J]. Advances in Competitiveness Research, 2007, 15: 1-2.

[13] David Gefen, Detmar W. Straub. Consumer trust in B2C e-Commerce and the importance of social presence: experiments in e-Products and e-Services [J]. Omega. 2004, 32 (6): 407-424.

[14] Dutta A. The Physical Infrastructure of Electronic Commerce in Developing Nations: Historical Trends and Impact of privatization [M]. M. E. Shape, Inc, 1997, 2 (1): 61-83.

[15] Elbeltagi I, Hamad H, Moizer J, et al. Levels of Business to Business E-Commerce Adoption and Competitive Advantage in Small and Medium-Sized Enterprises: A Comparison Study Between Egypt and the United States [J]. Journal of Global Information Technology Management, 2016, 19 (1): 6-25.

[16] Fraser S, Wresch W. National Competitive Advantage in E-Commerce Efforts: A Report from Five Caribbean Nations [J].

Perspectives on Global Development & Technology, 2005, 4 (1): 27-44.

[17] Freedman S M, Jin G Z. Learning by Doing with Asymmetric Information: evidence from Prosper. com [R]. National Bureau of Economic Research, 2011, 5 (3): 7-16.

[18] Destreicher-Singer G, Sundararajan A. The Visible Hand? Demand Effects of Recommendation Networks in Electronic Markets [M]. IN FORMS, 2012, 58 (11): 1963-1981.

[19] Greiner M E, Wang H. Building consumer-to-consumer trust in e-financemarketplaces: An eirpirical analysis [J]. International Journal of ElectronicCommerce, 2010, 5 (2): 105-136.

[20] Guarda T, Augusto M, Silva C. Competitive Advantage in e-Commerce: The Case of Database Marketing [M] // Business, Economics, Financial Sciences, and Management. Springer Berlin Heidelberg, 2012: 123-130.

[21] Haseba Hamad, Ibrahim Elbeltagi. Antecedents of B2B E-Commerce Adoption and its Effect on Competitive Advantage in Manufacturing SMEs [J]. Strategic Change: Briefings in Entrepreneurial Finance, 2015, 24: 405-428.

[22] Heikelä J. Achieving competitive e-commerce in Finnish B2C retail business [D]. Lappeenanta University of Technology, 2015.

[23] Helpman, E. Innovation, Imitation, and Intellectual Property Rights [J]. Econometrica, 1993, 61 (6): 1247-1280.

[24] Hummels D, Ishii J, Yi K M. The nature and growth of vertical specialization in world trade [J]. Journal of international Economics, 2001, 54 (1): 75-96.

[25] Irwin Brown, Ruwanga Jayakody. B2C e-Commerce Success: a Test and Validation of a Revised Conceptual Model [J]. Electronic Journal of Information Systems Evaluation. 2009 (2): 167-184.

[26] James Agarwal, Terry Wu. Growth Potential of E-Commerce in Emerging Economies: An Institution-Based N-OLI Framework and Research Propositions. Thunderbird International Business Review, 2015, 57 (3): 197-215.

[27] Jones J. E-commerce Competitive Opportunities Lie in Product Returns, comScore Says [J]. Response, 2012, 20 (10): 6-25.

[28] Kevin L, Jiang L, Larimore J, Markowitz D, Gorski S. Peer to peer lending: the relationship between language features, trustworthiness, and persuasion success [J]. Journal of Applied Communication Research, 2011, 39 (1): 19-37.

[29] Khosrow-Pour M, Khosrow-Pour M. E-Commerce for Organizational Development and Competitive Advantage [M]. IGI Global, 2013.

[30] Knuuttila K. Challenges of Finnish B2C E-commerce: Achieving competitive advantage through brand and service marketing [D]. Aalto University, 2012.

[31] Koh S C L, Tan Z. Using e-commerce to gain a competitive advantage in 3PL enterprises in China [J]. International Journal of Logistics Systems & Management, 2005, 1 (2): 187-210.

[32] Larry Dwyer, Chulwon Kim. Destination Competitiveness: Determinants and Indicators [J]. Current Issues in Tourism, 2003, 6 (5): 369-414.

[33] Lee E, Lee B. Herding behavior in online P2P lending: An empirical investigation [J]. Electronic Commerce Research and Applications, 2012, 11 (5): 495-503.

[34] Libana-Cabanillas F. Electronic Payment Systems for Competitive Advantage in E-Commerce [M]. IGI Global, 2014.

[35] Light J. Is "Peer-to-peer" lending worth the risk [J]. Wall Street Journal, 2012 (13): 24.

[36] Lin B, Lin Z. A decision tree model for herd behavior and

empirical evidence from the online P2P lending market [J]. Information Systems and e-Business Management, 2013, 11 (1): 141-160.

[37] Liu X, Gan T, Li Y, et al. The Selection and Transformation of Enterprise Competitive Behaviors Portfolio in China's E-commerce Industry [J]. Journal of Intelligence, 2015, 34 (2): 194-200.

[38] Lu B, Wang H. Research on the Competitive Strategy of Cross-Border E-Commerce Comprehensive Pilot Area Based on the Spatial Competition [J]. Scientific Programming, 2016 (1): 1-9.

[39] Lu B, Wang H. Research on the Competitive Strategy of Cross-Border E-Commerce Comprehensive Pilot Area Based on the Spatial Competition [M]. Hindawi Publishing Corp, 2016.

[40] Lumpkin G T, Droege S B, Dess G G. E-Commerce Strategies: Achieving Sustainable Competitive Advantage and Avoiding Pitfalls [J]. Organizational Dynamics, 2002, 30 (4): 325-340.

[41] Luo L, Wang H. Innovation in E-Commerce Business Model in the Big Data Environment [J]. Science Mosaic, 2016 (7): 110-114.

[42] Magee J. Peer-to-peer lending in the United States; surviving after Dodd-Frank [J]. North Carolina Banking Institute Journal, 2011 (15): 139-174.

[43] Martinsons M G. Relationship-based e-commerce: Theory and evidence from China. Information Systems Journal, 2008, 18: 331-356.

[44] McKinsey. Big data The next frontier for innovation, competition, and productivity [J]. McKinsey Global Institute, 2011 (5): 35-37.

[45] Michael Ettredge, Vernon J. Richardson. Assessing the Risk in E-Commerce, 2001 (15): 27-29.

[46] Morris M, Staritz C, Barnes J. Value chain dynamics, local embeddedness, and upgrading in the clothing sectors of Lesotho and Swaziland [J]. International Journal of Technological Learning Innovation and Development, 2011, 4 (1): 96-119.

[47] Paul C R. Group membership, relationship and loan default risk: The case of online social lending [J]. Working paper, Social Science Research Network, 2010 (15): 14-18.

[48] Pavlou P. Consumer acceptance of electronic commerce: Integrating trust and risk with the technology acceptance model. Interna-tional Journal of Electronic Commerce, 2003, 7: 101-135.

[49] Yun W L, Hong X H. Research on the Competitive Strategy of the C2C E-commerce Websites in China [J]. Library & Information Service, 2010, 54 (22): 126-130.

[50] Rong-Ruey Duh, Karim Jamal. Control and Assurance in E-Commerce: Privacy, Integrity and Security at eBay [J]. Ssrn Electronic Journal, 2002 (3): 1-27.

[51] Schubert P, Williams S P, Woelfle R. Sustainable Competitive Advantage in E-Commerce and the Role of the Enterprise System [M]. IGI Global, 2011.

[52] Shen D, Krumme C, Lippman A. Follow the profit or the herd? Exploring social effects in peer-to-peer lending [C] //Social Computing (SocialCora): 2010 IEEE Second International Conferenceon IEEE: 137-144.

[53] Sin K Y, Osman A, Salahuddin S N, et al. Relative Advantage and Competitive Pressure towards Implementation of E-commerce: Overview of Small and Medium Enterprises (SMEs) [J]. Procedia Economics & Finance, 2016, 35: 434-443.

[54] Slavin B. Peer-to-peer lending-An Industry Insight [J]. Biochem Genet, 2007 (8): 22-41.

[55] Somerville T. Effects of the E-commerce on Competitive

Advantage in the Airline Industry [J]. Journal of Molecular Biology, 2002, 301 (2): 465-475.

[56] Soon-YongChoi. 电子商务经济学 [M]. 张大力, 译. 电子工业出版社, 2000.

[57] Tan Y H, Thoen W. Electronic contract drafting based on risk and trust assessment [J]. International Journal of Electronic Commerce, 2003, 7 (4), 55-71.

[58] Wang C, Scholten D. O2O E-Commerce Data Mining in Big Data Era [J]. 2016, 14 (2A): 396.

[59] Wei D Y. Study of Competitive Advantages of China's Foreign Trade Enterprises from the Perspective of E-Commerce [J]. Prices Monthly, 2013 (1): 53-55.

[60] Weiss G N. , Pelger K, Horsch A. Mitigating adverse selection in P2P Empirical evidence from Prosper. com. paper [J]. TU DortmundGerman, 2010 (5): 54-56.

[61] Xu Y, Li X Q, Ye P. How to Establish the Cost Advantage of Business E-Commerce [J]. Applied Mechanics & Materials, 2013, 373-375: 1735-1738.

[62] Yan T, Sun B. A Study on Statical and Dynamical Characteristics Model of E-commerce Competitive Environment [C] // International Conference on Business Management and Electronic Information. IEEE, 2011: 573-580.

[63] Yi X, Ming X. Study on Competitive Advantage and Construction Strategy of E-Commerce Ecosystem [C] // International Conference on Business Intelligence & Financial Engineering. IEEE, 2011: 207-210.

[64] Zhong-Sheng X U, Luo J J. On Building Competitive Advantage of the E-commerce Agency-Operation [J]. Journal of Beihua University, 2014, 15 (3): 49-52.

[65] 艾金娣. P2P 网络借贷平台风险防范 [J]. 中国金融, 2012, 740 (14): 79-81.

[66] 白文周．试论电子商务与提升国家竞争力［J］．财贸研究，2001，12（5）：26-29.

[67] 蔡冰冰，赵威，李永贺．基于“钻石模型”的鄢陵县花木产业竞争力研究［J］．河南科学，2017（6）：1011-1016.

[68] 曾广层，王风云，王伯安．基于灰色综合评价法的中国石化行业竞争力研究［J］．价格月刊，2009（6）：39-41.

[69] 曾明星，阳春林，肖冷果．电子商务核心竞争力研究［J］．武汉商学院学报，2006，20（4）：58-61.

[70] 曾晓宏．科技型中小企业竞争力评价方法［J］．统计与决策，2015（7）：179-182.

[71] 陈虹，杨成玉，罗义琳．中国金融服务业国际竞争力研究［M］．武汉大学出版社，2013.

[72] 陈虹，林留利．中美服务贸易竞争力的实证与比较分析［J］．国际贸易问题，2009，12：75-80.

[73] 陈虹，马永健．我国保险业竞争力研究［J］．保险研究，2013（3）：3-15.

[74] 陈虹，章国荣．中国服务贸易竞争力的实证研究［J］．管理世界，2010，10：13-23.

[75] 陈洁．基于我国电子商务国际化进程现状及措施的研究［J］．科技经济市场，2014，11：34-35.

[76] 陈丽，林世员，郑勤华．“互联网+”时代中国远程教育的机遇和挑战［J］．现代远程教育研究，2016（1）：3-10.

[77] 陈丽．“互联网+教育”的创新本质与变革趋势［J］．远程教育杂志，2016（4）：3-8.

[78] 陈路萍．远程学习者学习心理的调查研究——兼论开放大学的教学模式改革取向［J］．中国教育学刊，2015（S2）：18-19.

[79] 陈伟雄，徐淑云．中日韩创意产品贸易竞争力比较分析与发展策略［J］．亚太经济，2017（1）：111-115.

[80] 陈卫平，朱述斌．“钻石模型”，国外竞争力理论的新发展［J］．产经评论，2002（5）：19-22.

[81] 陈希其．中国网络游戏产业出口现状及对策研究［D］．山东师范大学，2014.
[82] 陈祎，陈丽，殷丙山．远程教育质量保证的系统观与评估方法［J］．中国电化教育，2002（12）：55-59.
[83] 邓德宏．网络借贷 P2P 监管研究［J］．法制与经济，2016，427（10）：123-124.
[84] 电子商务交易技术国家工程实验室．2016 年中国电子商务发展指数报告［R］．贵州：2017.
[85] 丁兴富．"远程教育质量保证及质量评估与认证国际比较研究"总结报告［R］．北京：2004.
[86] 丁兴富．论网络远程教育质量观的创新——"远程教育质量保证及质量评估与认证国际比较研究"成果（4）［J］．中国远程教育，2005（5）：10-14.
[87] 段雅丽．优化供应链 提升跨境电商竞争力［J］．物流技术，2015，34（18）：15-17.
[88] 方子春．学访澳大利亚和新加坡远程教育的启示［J］．继续教育，2015（3）：78-80.
[89] 高靖．互联网教育文化的建构［J］．文化学刊，2015（8）：91-93.
[90] 高绵．中国与东盟五国服务贸易发展趋势［J］．亚太经济．2010（5）：44-49.
[91] 龚皓锋．"互联网+"时代电子商务产业园的规划功能浅析［J］．安徽建筑，2016，23（1）：92-94.
[92] 关珊，朱家明．基于因子分析法的区域经济发展竞争力研究［J］．哈尔滨师范大学自然科学学报，2017，33（3）：114-118.
[93] 桂春雷．中国网络游戏产业商业模式研究［D］．河北科技大学，2010.
[94] 郭翠荣，刘亮．基于因子分析法的我国上市商业银行竞争力评价研究［J］．管理世界，2012（1）：176-177.
[95] 郭卫东，李颖．网络借贷平台 P2P 模式探索［J］．中国流通

经济，2014，237（6）：114-121.
[96] 郭文革．网络课程类别分析——基于互联网教育传播模型的分析视角［J］．远程教育杂志，2014（5）：41-46.
[97] 韩栋．基于钻石体系的中国影视文化产业国际竞争力研究［J］．华中农业大学学报（社会科学版），2011（4）：98-100.
[98] 何光美，付鸣．生态位重叠视角下电商企业竞争力综合评价——以阿里巴巴与环球资源网为例［J］．经营管理者，2014（14）：247-247.
[99] 何晓玲．微金融的创新：P2P 网络借贷研究［J］．中外企业家，2013，414（4）：47-49.
[100] 何育静，刘树青．我国造船企业竞争力研究［J］．船舶工程，2015（1）：100-104.
[101] 贺慧惠，陈阳．城市商贸流通电子商务竞争力的 uDEA 法对比探讨［J］．商业时代，2017（4）：8-9.
[102] 贺司超．中国网络游戏产业现状及政策分析［D］．北京邮电大学，2007.
[103] 侯阳平．中国网络游戏产业本土化发展策略探析［D］．中南大学，2009.
[104] 黄俭．以互联网思维引领我国的“互联网+”教育战略［J］．中国电化教育，2017（1）：99-104.
[105] 黄晋．智慧教育视野下远程开放教育实践探索与策略研究［J/OL］．［2017-01-10］．http：//www. cnki. net/kcms/detail/13. 9000. G. 20170110. 1457. 100. html.
[106] 黄婧，李雨佳．浅谈 P2P 网络借贷平台的兴起给小微企业融资带来的影响［J］．财经界：学术版，2015，373（12）：103.
[107] 黄娟娟．我国网络游戏产业盈利模式研究［D］．华中师范大学，2013.
[108] 黄凯文．网易公司网络游戏竞争战略研究［D］．广西大学，2013.
[109] 黄培雄．电子商务及其在我国的发展［J］．华南金融研究，

1999（2）：74-76.
[110] 黄荣怀，刘德建，刘晓琳，徐晶晶．互联网促进教育变革的基本格局［J］．中国电化教育，2017（1）：7-16.
[111] 黄叶苊，齐晓雯．网络信贷中的风险控制［J］．工作论坛，2012，393（4）：101-105.
[112] 霍云福，王玉彩．基于DEA的城市商贸流通电子商务竞争力比较［J］．经营与管理，2013（6）：71-73.
[113] 季雪玲．我国P2P网络借贷的风险与监管探析［J］．财经界：学术版，2016，409（12）：37-38.
[114] 贾亚丽．综合B2C电子商务企业核心竞争力评价研究［D］．湖南大学，2010.
[115] 姜彤彤、吴修国．基于AHP的文化产业竞争力评价模型研究——借鉴钻石模型理论和可持续发展思想［J］．云南财经大学学报，2011（6）：128-129.
[116] 蒋侃．基于电子商务的企业核心竞争力的塑造［J］．改革与战略，2004（6）：109-111.
[117] 蒋明琳，舒辉，林晓伟．基于钻石模型的中部六省物流竞争力评价研究［J］．价格月刊，2015（4）：43-48.
[118] 金碚．中国工业转型升级：进展、问题与趋势［J］．中国工业经济，2011（2）：5-15.
[119] 蓝庆新，郑学党，韩晶．我国文化产业国际竞争力比较及提升策略——基于2011年横截面数据的分析［J］．财贸经济，2012（8）：80-81.
[120] 雷扬．我国游戏产业发展现状及对策研究［D］．大连工业大学，2015.
[121] 黎加厚，吴振华，陈双寅，等．美国教育资源门户及其对我国教育资源建设的启迪［J］．电化教育研究，2003（8）：66-71.
[122] 李红梅．我国电子商务企业融资存在的问题及对策［J］．经贸实践，2015（7）：51.
[123] 李斜．浅析远程教育网络课程的开发与设计［J］．电脑知识

与技术，2017（3）：111-113.
[124] 李金阳. P2P网络借贷市场的兴起与发展问题研究 [J]. 华北金融，2013，431（2）：75-76.
[125] 李民. 电子商务企业的核心竞争力研究——以典型电子商务企业为例 [J]. 中国市场，2009（2）：101-102.
[126] 李小卯，司春林. 电子商务对我国企业国际竞争力的影响 [J]. 中国科技成果，2001（5）：4-6.
[127] 李晓钟，贾舒. 电子信息产业竞争力区域差异比较研究 [J]. 国际经济合作，2017（7）：61-66.
[128] 李雪静. 国外P2P网络借贷平台的监管及对我国的启示 [J]. 金融理论与实践，2013，408（7）：101-104.
[129] 李艳艳. 略论地方高校远程教育办学功能 [J]. 中国成人教育，2017（5）：72-74.
[130] 李治国，郭景刚. 基于因子分析的我国网络游戏产业竞争力实证研究 [J]. 企业经济，2012（9）：102-105.
[131] 梁迪. P2P网络借贷的演进特点、风险及应对的研究述评 [J]. 商场现代化，2014，400（14）：114-115.
[132] 梁艳，宋辰. 中国网络游戏产业的实证研究 [J]. 大连理工大学学报（社会科学版），2005（2）：54-57.
[133] 林怡. 娱乐业进入国际市场方式的选择——迪斯尼公司经验 [J]. 企业论坛，2009（6）：74-75.
[134] 林章悦，纪春明，王云龙. 我国高技术产业分行业竞争力研究——基于因子分析的实证检验 [J]. 经济体制改革，2016（1）：118-123.
[135] 刘绘，沈庆劼. 我国P2P网络借贷的风险与监管研究 [J]. 财经问题研究，2015，374（1）：52-59.
[136] 刘丽丽. 我国P2P网络借贷的风险和监管问题探讨 [J]. 征信，2013，178（11）：29-32.
[137] 刘林青，周潞. 比较优势、FDI与中国农产品产业国际竞争力——基于全球价值链背景下的思考 [J]. 国际贸易问题，2011（12）：39-54.

[138] 刘圻，雷雪勤，杨惠元，等．企业竞争力与现金流战略管理关系研究——基于五力模型框架下的问卷数据分析［J］．宏观经济研究，2015（10）：120-128.
[139] 刘少伟，张继光，张弛．基于数据分析的远程教育学生流失现状分析及对策［J］．中国成人教育，2017（5）：37-40.
[140] 刘淑萍．构建国家开放大学远程教育网络教学团队的 SWOT 分析［J］．河南广播电视大学学报，2016（4）：8-11.
[141] 刘婷婷．远程教育中网络学习空间的构建与研究［J］．电脑知识与技术，2017（3）：36-37.
[142] 刘颖琦，吕文栋，李海升，钻石理论的演变及其应用［J］．中国软科学 ，2003（10）：138-144.
[143] 刘志彪，张杰．全球代工体系下发展中国家俘获型网络的形成、突破与对策——基于 GVC 与 NVC 的比较视角［J］．中国工业经济，2007（5）：39-47.
[144] 刘峙延．我国 P2P 网络信贷风险研究［D］．南宁：广西大学，2013.
[145] 卢淑静，周欢怀．基于中美电子商务人才培养模式的思考［J］．情报杂志，2010，29（1）：189-191.
[146] 卢馨，李慧敏．P2P 网络借贷的运行模式与风险管控［J］．改革，2015，252（2）：60-68.
[147] 罗斯丹，王苒．我国加强 P2P 风险的监管研究［J］．经济纵横，2014，346（9）：28-31.
[148] 罗亚．提升 B2C 电子商务企业核心竞争力策略研究［J］．中国商论，2011（5）：88-89.
[149] 马晓玲，曹盼，邢万里，等．远程教育：一个开放的新纪元——透视美国远程教育 2013 年会［J］．远程教育杂志，2014（2）：67-75.
[150] 迈克尔·波特．国家竞争优势［ M ］．李明轩，邱如美，译. 郑风田，校．北京 ：华夏出版社，2002.
[151] 茆训诚．我国网络游戏产业结构变化和企业行为选择——基于产业价值链竞争部位价值弹性的视角［J］．当代财经，

2007（8）：98-102.

［152］茅蕾．中国网络游戏产业运营模式探析［D］．山东大学，2010.

［153］苗晓宇．网络 P2P 信贷风险与防范［J］．甘肃金融，2012，407（2）：21-23.

［154］南旭光，张培．“互联网+”教育：现实争论与实践逻辑［J］．电化教育研究，2016（9）：55-60，75.

［155］倪楠．正确理解互联网游戏产业——与国家新闻出版总署寇晓伟副司长谈网络游戏十年发展历程［J］．互联网天地，2004（4）：10-12.

［156］倪晓巍．网络游戏运营策略研究［D］．浙江工业大学，2015.

［157］欧阳峰．电子商务对中小企业核心竞争力的作用机理研究［J］．中国流通经济，2005，19（6）：31-34.

［158］裴长洪．我国服务贸易出口竞争分析［J］．中国经贸导刊，2009.

［159］彭红枫，刘歆茹．2016. P2P 网络借贷研究述评［J］．武汉大学学报：哲学社会科学版，345（1）：72-78.

［160］齐欣．我国民间借贷的法律规制研究［J］．中国经贸导刊，2012，673（4）：69-70.

［161］曲国明．中美创意产业国际竞争力比较——基于 RCA、TC 和“钻石”模型的分析［J］．国际贸易问题，2012（3）：80-88.

［162］任花．我国影视业出口竞争力分析及对策研究［D］．湖南大学，2011.

［163］任剑婷，刘苏．中国金融服务贸易国际竞争力指数分析［J］．商业时代，2010（1）：40-41.

［164］任宇，杨小金．基于灰色关联分析法的我国现代服务业国际竞争力研究［J］．工业技术经济，2015（5）：80-86.

［165］沙敬焓．网络游戏产业的资本运营模式研究［D］．辽宁师范大学，2012.

[166] 尚慧. 中国网络游戏产业发展现状研究 [D]. 河南大学, 2009.
[167] 石艳霞, 倪玲, 管光扬. 电子商务网站竞争力指标体系研究——基于资源场力的视角 [J]. 图书情报工作, 2009, 53 (2): 129-133.
[168] 宋加强、王强. 现代服务贸易国际竞争力影响因素研究——基于跨国面板数据 [J]. 国际贸易问题, 2014 (2): 98-103.
[169] 宋金璐. 国外网络借贷行业的监管及对我国的启示 [J]. 会计之友, 2017, 554 (2): 90-94.
[170] 宋玮. 中国网络游戏产业发展研究 [D]. 首都经济贸易大学, 2012.
[171] 苏莉娟, 严亮. 浅谈我国民间网络借贷存在的问题及建议 [J]. 金融经济: 理论版, 2011, 348 (6): 112-113.
[172] 谭晓黄. P2P 网络借贷投资行为浅析 [J]. 中国商论, 2016, 674 (7): 83-85.
[173] 唐维. 我国网络游戏产业竞争力研究 [D]. 湖南大学, 2007.
[174] 田树学, 张佳亮. 网络远程教育质量提升策略研究 [J]. 成人教育, 2017 (5): 22-25.
[175] 汪怡, 刘晓云, 何军. 基于商业生态视角的电子商务服务平台竞争力评价研究 [J]. 情报科学, 2014 (6): 39-42.
[176] 王凡. 基于 B2C 的电子商务竞争力研究 [J]. 中国电子商务, 2013 (23): 5.
[177] 王国安, 赵新泉. 中美两国影视产业竞争力的比较研究——基于全球价值链视角 [J]. 国际贸易问题, 2013 (1): 58-67.
[178] 王培顺. 互联网教育舆情监测系统的设计与实现 [D]. 华中师范大学, 2011.
[179] 王琦. 我国网络游戏产业的盈利问题研究 [D]. 首都经济贸易大学, 2009.

［180］王乔峰，曹效英，路璐．“互联网+教育”模式的发展情况分析［J］．中国教育信息化，2015，(15)：9-11.
［181］王森辉．P2P 网络借贷特点与风险分析［J］．商，2016(22)：213.
［182］王绍媛．中国服务贸易竞争力分析——基于进出口数据的指标分析［J］．世界经济与政治论坛，2005（1）：23-28.
［183］王卫星，马剑锋．中小企业行业竞争力研究［J］．第 16 届中国财务学年会，2011.
［184］王晰，兰勇．基于钻石模型的区域农业国际竞争力研究——以湖南省为例［J］．国际贸易问题，2007，291（3）：53-58.
［185］王晓东，王铁宝，宗贵龙．“互联网+”时代成人高等教育教学改革的思考［J］．河北工业大学学报（社会科学版），2017，9（2）：67-70.
［186］王艳，陈小辉，邢增艺．网络借贷中的监管空白及完善［J］．当代经济，2009，240（24）：46-47.
［187］王紫薇，袁中华，钟鑫．中国 P2P 网络小额信贷运营模式研究［J］．新金融，2012，276（2）：42-45.
［188］魏正义．基于结构方程模型的我国跨境电商物流竞争力研究［J］．物流工程与管理，2017，39（4）：121-123.
［189］吴菲菲．电子商务教程［M］．经济管理，2001.
［190］吴莉．基于 PCA-DEA 的区域电子商务竞争力评价［D］．南京财经大学，2014.
［191］吴南中．“互联网+教育”内涵解析与推进机制研究［J］．成人教育，2016（1）：6-11.
［192］吴涛．中国网络游戏产业的运营问题研究［D］．华中科技大学，2004.
［193］吴政．“互联网+教育”课程学习平台评价分析及发展策略研究［D］．华中师范大学，2016.
［194］谢敏．“互联网+教育”背景下的教学智慧研究［D］．吉林大学，2016.

[195] 谢平，邹传伟．互联网金融模式研究［J］．金融研究，2015，390（12）：11-18.

[196] 熊艺，解百臣，吴育华．中国远程教育发展环境的 SWOT 分析［J］，现代远距离教育，2010（6）：18-21.

[197] 徐锦锋．资本为产业“量体裁衣”的新样本——福州开发区互联网游戏产业园打造全新运营模式［J］．福建质量管理，2015（Z1）：10-11.

[198] 徐进．基于 SEM 的商旅电子商务竞争力评价研究［J］．商，2015（9）：100-101.

[199] 许正豪．HW 公司互联网教育商业模式研究［D］．浙江工业大学，2015.

[200] 闫春英，张佳睿．完善我国 P2P 网络借贷平台风险控制体系的策略研究［J］．经济学家，2015，202（10）：78-83.

[201] 闫世刚．基于层次分析——模糊综合评价的北京市新能源产业竞争力研究［J］．科技管理研究，2017，37（7）：93-97.

[202] 颜锦江，张益明．我国网络游戏产业战略分析［J］．改革与战略，2007（3）：43-46.

[203] 颜政．我国 B2C 电子商务竞争力影响因素研究［J］．中国电子商务，2012（6）：52.

[204] 颜政．我国 B2C 电子商务网站竞争力评价研究［D］．华中师范大学，2012.

[205] 杨辉芳．我国服务业全球价值链竞争力分析——基于增加值贸易的角度［J］．商，2015（42）：101-102.

[206] 杨坚争，段元萍．我国国际电子商务发展策略研究［J］．世界经济研究，2008，10：37-41，88.

[207] 杨坚争，郑碧霞，杨立钒．基于因子分析的跨境电子商务评价指标体系研究［J］．财贸经济，2014（9）：94-102.

[208] 杨健，郭建中．试论中国的网络游戏产业［J］．上海大学学报（社会科学版），2004（1）：85-90.

［209］杨静，张庆亮．美国电子商务教育现状研究［J］．技术经济，2007，26（8）：82-85.

［210］杨立成．论远程开放教育学生管理工作模式的创新［J］．中国教育学刊，2015（S2）：207-208.

［211］姚国章，陈菲，赵刚．电子商务产业园发展的现状、问题与对策研究［J］．中国商论，2014（21）：116-118.

［212］叶湘榕．P2P 借贷的模式风险与监管研究［J］．金融监管研究，2014，27（3）：71-82.

［213］易凌云，周洪宇，王明雯，万力勇．推动我国互联网教育立法的思考与建议［J］．现代远程教育研究，2017（1）：43-50.

［214］尤瑞章，张晓霞．P2P 在线借贷的中外比较分析——兼论对我国的启示［J］．金融发展评论，2010，3（3）：97-105.

［215］余道先，刘海云．中国生产性服务贸易结构与贸易竞争力分析［J］．世界经济研究，2010（2）：49-55.

［216］余弢．基于信息规则的网络游戏产业竞争战略研究［D］．电子科技大学，2004.

［217］俞雅．中小企业跨境电商核心竞争力研究［J］．移动信息，2016（2）：17.

［218］喻润，温艳萍．基于动态因子分析法的亚洲地区上海港国际竞争力评价研究［J］．海洋开发与管理，2017，34（6）：12-16.

［219］袁洪飞．我国农业电子商务竞争能力的影响因素及战略选择探析［J］．农业经济，2016（3）：120-122.

［220］张彬、杜晓燕．美国文化产业国际竞争力现状及影响因素分析［J］．国际商务——对外经济贸易大学学报，2012（4）：82-88.

［221］张建忠，刘志彪．知识产权保护与“赶超陷阱”——基于 GVC 治理者控制的视角［J］．中国工业经济，2011（6）：58-68.

[222] 张蕾蕾．互联网教育企业的品牌传播策略研究［D］．安徽大学，2016.
[223] 张巧玲．我国国际电子商务竞争力研究［D］．厦门大学，2012.
[224] 张伟远，段承贵，封晨．香港大学“互联网+”继续教育系统模式的实践思考［J］．现代远程教育研究，2016（1）：11-18，26.
[225] 张岩．“互联网+教育”理念及模式探析［J］．中国高教研究，2016（2）：70-73.
[226] 章恩伟．我国网络游戏产业的经济学分析［D］．上海海事大学，2005.
[227] 郑庆华．互联网教育与公共服务体系［J］．中国远程教育，2015（4）：32-35，79.
[228] 中国电子商务研究中心．2017 上半年中国电子商务报告［R］.
[229] 仲蕾．基于因子分析法的物流行业经营业绩评价［J］．中国国际财经（中英文），2017（2）：126-127.
[230] 周鸿，杜慧，ZhouHong，等．基于钻石模型的我国跨境电商物流竞争力研究［J］．物流技术，2015（17）：4-6.
[231] 周星，付英．产业竞争力评价指标体系探究［J］．科研管理，2000，21：29-34.
[232] 周训杰．基于“波特五力模型”的我国医疗器械行业竞争力研究——以山东新华医疗器械股份有限公司为例［J］．卷宗，2017（14）：96-97.
[233] 朱瑞庭，尹卫华．全球价值链视阈下中国零售业国际竞争力及政策支撑研究［J］．商业经济与管理，2014（9）：17-24.
[234] 诸鸿文，翁亮，李建华．我国电子商务相关产业发展规划［J］．上海交通大学学报（哲学社会科学版），2000（2）：45-50.
[235] 诸鸿文，翁亮，李建华．我国电子商务相关产业发展规划

[J]. 上海交通大学学报（哲学社会科学版），2000（2）：45-50.

[236] 庄惠明，黄建忠，陈洁．基于“钻石模型”的中国服务贸易竞争力实证分析［J］. 财贸经济，2009（3）：83-89.

[237] 卓武扬．网络游戏产业研究［J］. 江西财经大学学报，2004（1）：51-55.